Detto Fatto

A tutti i fedelissimi telespettatori di *Detto Fatto*!

Amo avere un rapporto diretto
con chi mi segue, quindi potete contattarmi su:

www.caterinabalivo.com
facebook: Caterina Balivo
Twitter: @caterinabalivo

Curatela: Tania Nucera e Cecilia Tanturri
Coordinamento editoriale: Chiara Giusti
Art direction: Francesca Leoneschi
Graphic designer: Mauro De Toffol / *the*World*of*DOT
Impaginazione: Davide Vincenti
Illustrazioni: © Eleonora Antonioni
Foto: © Caterina Balivo
Foto p. 33: © Alessandro Canestrelli / Reporters Associati & Archivi s.r.l.
Foto pp. 27 (a destra), 39, 64, 71, 83 (a destra), 85, 89, 127, 131: © Lavinia Oldani

ISBN 978-88-17-07230-4

Prima edizione: aprile 2014
Seconda edizione: aprile 2014
Terza edizione: maggio 2014

Finito di stampare nel mese di maggio 2014
presso Rotolito Lombarda S.p.A., Seggiano di Pioltello (MI)

Caterina Balivo

Detto Fatto

IL LOOK giorno per giorno

Rizzoli

SOMMARIO

NOTTE
MATTINA
POMERIGGIO
SERA

INTRODUZIONE

Scoprite insieme a me come essere perfette in tutte le occasioni!

In questo volume di *Detto Fatto* imparerete a indossare gli abiti più adatti al vostro fisico e a ogni tipo di situazione, ad abbinare gli accessori giusti e di tendenza, a prendervi cura del vostro corpo in modo naturale, a creare dei capolavori sulle vostre unghie e a realizzare un "trucco e parrucco" sempre diverso e originale.
Ho infatti selezionato alcune delle occasioni più comuni nella vita di tutte le donne, senza rinunciare però ad affrontare anche quelle davvero speciali in cui proprio per questo è indispensabile essere impeccabili. Sono riunite in 4 sezioni che corrispondono a 4 momenti della giornata – mattina, pomeriggio, sera e notte – e per ciascuna di esse vi proporrò diversi tutorial di moda, beauty, nail art, hair styling o make up seguendo i quali potrete essere sempre chic e bellissime.
Lungo questo percorso nell'arco del giorno, vi darò i miei personalissimi consigli di stile e vi verranno in aiuto i tutor della trasmissione, offrendovi spunti, suggerimenti e trucchi per ottenere risultati perfetti, con pochi sforzi e piccoli budget. Con un occhio di riguardo anche al look di mariti e fidanzati.

Cosa state ancora aspettando? Sfogliate il libro e mettetevi subito alla ricerca del tutorial che fa per voi!

Caterina

È proprio vero: il mattino ha l'oro in bocca! Per questo spesso è la parte più frenetica e stressante della giornata, quella durante la quale nell'arco di poche ore dobbiamo preparare la colazione per la famiglia, accompagnare i figli a scuola, sbrigare qualche commissione urgente, correre al lavoro o a lezione e, magari, ritagliarci qualche ora per la palestra o le amiche. E oltre tutto occorre trovare il tempo per farsi belle! Ricordate infatti che non bisogna mai rinunciare a un po' di trucco, anche acqua e sapone, e a un look carino e curato, seppur comodo. Nemmeno quando siete super impegnate o uscite per fare la spesa, mi raccomando!

MATTINA

IN PALESTRA

Chi ha detto che mentre si fa jogging o si suda e si fatica tra attrezzi e tapis roulant si debba essere sciatte e trascurate? Io vi consiglio innanzitutto una bella coda comoda ma con un tocco chic... anzi, addirittura 3 acconciature diverse! E poi una fantastica crema per il corpo, perfetta da usare dopo la doccia, per rinfrescarsi ed essere subito pronte ad affrontare la giornata e un trucco molto semplice e leggero che però copra almeno le imperfezioni della pelle.

HAIR STYLING

3 CODE PER TUTTI I GUSTI

ELASTICI • SPAZZOLA • FORCINE

Coda annodata

1. Spazzolate all'indietro i capelli della parte alta della testa, riuniteli nella mano come per fare una coda, ruotate la ciocca intorno a 2 dita e portate il piccolo cappio così ottenuto in alto, quindi fissatelo con delle forcine.
2. Riunite il resto dei capelli in una coda a metà altezza e chiudetela con un elastico.

Coda intrecciata

3. Prendete 2 ciocche laterali, una dietro l'orecchio destro e l'altra dietro l'orecchio sinistro, e incrociatele sovrapponendole dietro la testa, al centro.
4. Tenendo le 2 ciocche ferme con le dita, ripetete l'operazione prendendo ogni volta più in basso coppie di ciocche laterali e incrociandole nello stesso punto. Procedete fino a esaurire i capelli, quindi fissateli con un elastico in una coda bassa.

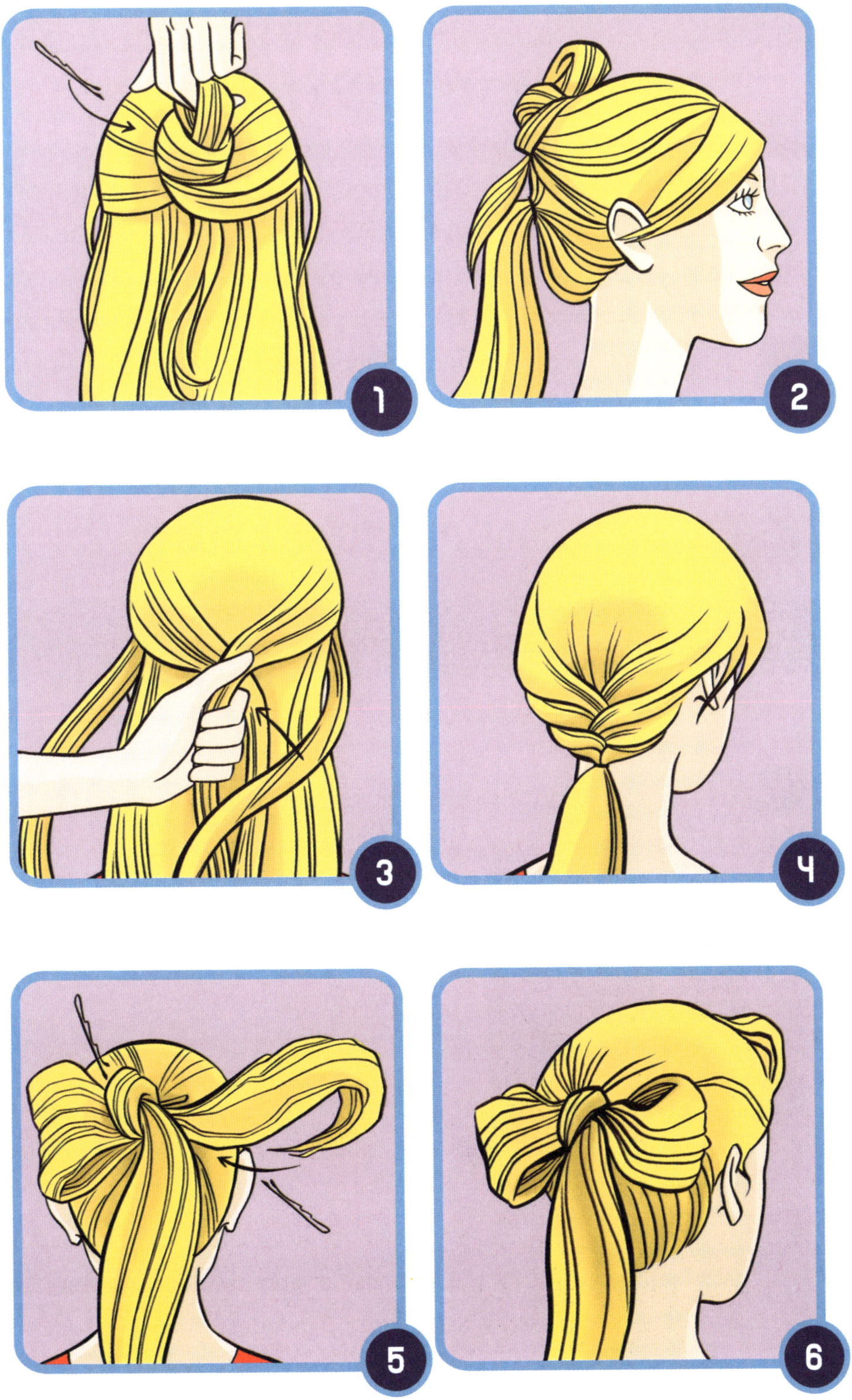
1
2
3
4
5
6

Coda con fiocco

5 Fate una coda centrale a metà altezza (per altre occasioni potete realizzare un'acconciatura simile ma più elegante con una coda laterale e bassa) e dividete i capelli in 3 ciocche. Cotonate leggermente una di quelle laterali spazzolando in senso opposto, ripiegatela su se stessa e fissatela sopra l'elastico con delle forcine.

6 Ripetete la stessa operazione con l'altra ciocca laterale, in maniera speculare: ecco ottenuto un fiocco! Potete preparare quest'acconciatura anche senza cotonare le ciocche.

CATERINA

I MIEI ALLENAMENTI

In palestra spesso le persone indossano pantaloni scuri con una t-shirt colorata o chiara, oppure optano per un total black. Io però consiglio un'altra soluzione: abbinare una maglia nera che, oltre alle macchie di sudore, maschera la pancia, a un pantaloncino chiaro, per evitare l'"effetto Morticia" alle 9 del mattino. Inoltre, invece dei mollettoni, usate fasce o elastici, ma mai bianchi!

CREMA PROFUMATA PER IL CORPO

BEAUTY

100 G DI BURRO DI KARITÈ • 35 G DI OLIO DI COCCO • 2 ML DI AROMA AL COCCO • COLORANTE ALIMENTARE ROSSO (FACOLTATIVO)

• Frullate il burro con l'olio di cocco per 5-6 minuti, poi aggiungete l'aroma e mescolate per amalgamare il tutto.

• Se volete rendere la crema rosa, aggiungete alcune gocce di colorante e mescolate nuovamente.

• Poiché non contiene acqua, questa crema per il corpo si conserva per 3-4 mesi a temperatura ambiente: potete metterla in un contenitore per creme vuoto, ben lavato e asciugato, e portarla dove volete, anche in palestra!

• Può essere applicata su tutti i tipi di pelle perché è altamente idratante e si assorbe facilmente, lasciando la pelle vellutata ed elastica: usata con regolarità, donerà nuova vita alla pelle secca, spenta e segnata dalle rughe.

MARTINA RODINI: UN'IDEA REGALO

Tutte le creme al 100% naturali fatte in casa si possono preparare, oltre che per uso personale, come regalo originale per chiunque vogliate, di ogni sesso e di ogni età, e per qualsiasi occasione: Natale, compleanni, San Valentino. Basta inserirle in un contenitore carino! Acquistate per pochi centesimi un barattolo di vetro per marmellate o riciclatene uno vuoto ben lavato e asciugato, decorate il tappo con un ritaglio di stoffa e un nastrino colorato e incollate sul contenitore una graziosa etichetta. Sopra potete scriverci semplicemente il nome del prodotto, oppure un augurio o una frase romantica.

TRUCCO PER PELLE CON ACNE

CORRETTORE BEIGE CHIARO • CORRETTORE LEGGERMENTE VERDE (O CORRETTORE VERDE MESCOLATO CON QUELLO BEIGE) • PENNELLI PICCOLI TONDI • FONDOTINTA COPRENTE PIGMENTATO IN CREMA • SPUGNA PER FONDOTINTA • OMBRETTO ALBICOCCA • MATITA PER OCCHI NERA • GLOSS ARANCIO • FARD ALBICOCCA OPACO

1. Applicate il correttore beige sulle occhiaie, aiutandovi con un pennello piccolo o con le dita per stendere con cura il prodotto. Non esagerate con la quantità.
2. Applicate il correttore verde sui brufoli, stendendolo bene con l'aiuto del pennello e soltanto dove c'è l'arrossamento: poiché rosso e verde sono colori complementari, sovrapponendoli dovrebbero neutralizzarsi a vicenda. Sfumate bene con dita o pennello.
3. Applicate il fondotinta coprente tamponandolo sul viso con la spugna e fissatelo con un velo di cipria trasparente, ma senza eccedere per non appesantire la base.
4. Stendete l'ombretto albicocca su tutta la palpebra mobile, salendo un po' anche verso l'arcata sopraccigliare, e lungo il contorno inferiore dell'occhio.
5. Con la matita nera disegnate una linea sottile lungo il contorno superiore dell'occhio e sfumatela leggermente con il pennello. Applicate del mascara nero sulle ciglia.
6. Completate il trucco con gloss sulle labbra e fard sugli zigomi.

1
2
3
4
5
6

PAOLO GUATELLI: L'ABC DEL MAKE UP

Prima di truccarvi scegliete il colore di ombretti e fard più adatto a voi.

	OMBRETTO	FARD
OCCHI AZZURRI	rosa cipria, arancio, bronzo, blu intenso, grigio fumo, tortora	albicocca, salmone, cappuccino
OCCHI VERDI	rame, blu petrolio, verde malachite, prugna, malva, cremisi	biscotto, ruggine, cannella
OCCHI MARRONI	bordeaux, oro intenso, blu oltremare, sabbia, beige, testa di moro	mattone, corallo, cioccolato
OCCHI NOCCIOLA	verde oliva, oro pallido, bordeaux, verde fango, melanzana, cioccolato	pesca, terracotta, bronzo

Poi applicate il trucco sugli occhi a seconda della loro forma.

OCCHI ROTONDI	Con la matita tracciate una linea dalla metà della palpebra mobile superiore e dalla metà di quella inferiore verso l'esterno, congiungendo le 2 linee oltre l'angolo naturale dell'occhio, poi sfumate e stendete un ombretto scuro verso l'esterno. All'interno della congiuntiva applicate un kajal scuro.
OCCHI ALL'INGIÙ	Con la matita disegnate un triangolo sulla parte esterna della palpebra mobile, senza staccarvi dalle ciglia, per alzare l'angolo dell'occhio. Sfumate e applicate un ombretto sulla matita e un kajal scuro sulla metà esterna della congiuntiva. Applicate il mascara sulle ciglia superiori.
OCCHI SPORGENTI	Applicate sulla palpebra mobile un ombretto più scuro della pelle, preferibilmente opaco, e sfumatelo verso l'esterno.
OCCHI INCAVATI	Applicate sulla palpebra superiore un ombretto chiaro e dalla piega palpebrale verso l'alto un ombretto scuro.

Quindi passate alle labbra, cercando di valorizzarle o di attenuarne i difetti.

LABBRA SOTTILI	Contornate con una matita il labbro superiore arrotondandone la forma e debordando di 1-2 mm oltre la linea naturale.
LABBRA CARNOSE	Coprite con il fondotinta il bordo delle labbra e contornatele, rimanendo all'interno di 1-2 mm.
LABBRA ALL'INGÙ	Con la matita iniziate a tracciare il contorno del labbro superiore e fermatevi 2 mm prima dell'angolo naturale, da quel punto proseguite contornando il labbro inferiore.
LABBRA PIATTE	Contornate la bocca con una matita più scura del solito, sfumate e applicate un rossetto intenso sui lati, schiarendo poi il centro con rossetto o gloss chiaro.

IN UFFICIO

Primo giorno di lavoro... ecco che si scatena il panico! Che cosa indossare? Come presentarsi per fare una buona impressione? Meglio mostrare la propria esuberante personalità e sfoggiare l'ultimo capo di tendenza o nascondersi dietro un look anonimo e senza tempo? E poi, una volta iniziata la routine, la necessità diventa un'altra: essere sempre in ordine e curate in poco tempo. Nessun problema: in questo capitolo troverete tanti consigli utilissimi!

GIACCHE, TAILLEUR E TUBINI

MODA

GIACCHE

• Fate sempre molta attenzione innanzitutto alla taglia, perché le giacche devono stare alla perfezione sia sul giro manica, sia per quanto riguarda la lunghezza delle braccia, sia nella chiusura, che deve sempre essere facile: il tessuto non deve tirare!

• Controllate le tasche, che creano molto volume: se siete curvy cercate di evitarle. Infine cercate di non indossare giacche con spalline se avete spalle importanti o collo corto.

• Se siete donne formose evitate i modelli destrutturati, cioè informi e che scendono giù dritti: la giacca deve appoggiarsi sul bacino. Le giacche corte vanno bene per chi ha seno abbondante e "lato B" contenuto, ma nel tailleur devono sempre arrivare sotto l'ombelico. Se siete formose scartate anche quelle strette strette, consigliabili comunque solo se il taglio della giacca evidenzia il punto vita.

• Se siete abbastanza alte potete optare invece per giacche lunghe, ottime pure per coprire un lato B importante.

• Per quanto riguarda i bottoni ci sono 2 scuole di pensiero, chi dice che la giacca va tenuta sempre aperta, chi la preferisce chiusa. In questo caso però non allacciate tutti i bottoni: se avete un seno prosperoso lasciate aperto il primo bottone, se invece avete un po' di pancetta sbottonate l'ultimo.

TAILLEUR GONNA

• È uno dei capi più femminili, raffinati e al contempo sexy, ma fate attenzione al modello perché con questo capo si corre il rischio di sembrare più vecchie.

• La gonna per essere chic deve arrivare al ginocchio o subito sopra: chi ha un lato B contenuto e gambe asciutte può permettersi anche una gonna leggermente più corta ma mai sopra la metà della coscia, altrimenti correte il rischio di sembrare volgari.

• Questo tipo di tailleur non va mai portato con scarpe senza almeno un po' di tacco!

TAILLEUR PANTALONE

• È perfetto per le donne che amano la comodità ma non vogliono rinunciare a un tocco di eleganza, perché il pantalone dona sicurezza e la giacca dà quel tocco in più che rende allo stesso tempo autorevoli e femminili.

• I pantaloni più chic sono sicuramente quelli a sigaretta, che però potete indossare solo se il vostro giro coscia non è troppo importante.

• Se siete curvy, evitate anche i materiali lucidi come il raso e privilegiate invece tessuti semi-elasticizzati, come cotone o lana.

TUBINO

• È un classico che non può mancare nel guardaroba di nessuna donna, basta sapere scegliere quello più adatto al proprio fisico.

• Anche il tubino, per essere raffinato e chic, deve arrivare fino al ginocchio o al massimo subito sopra.

• Se non avete una linea perfetta, evitate i tessuti sintetici perché fasciano e mettono in risalto le imperfezioni e preferite il cotone elasticizzato a quello rigido. Inoltre ricordate di indossare mutande e reggiseno non troppo stretti. Per nascondere qualche chiletto in più e i segni dell'intimo, potete anche indossare un capo rimodellante sotto il tubino, come ad esempio body, collant e anche sottovesti. Se volete slanciare la figura, indossate scarpe con un po' di tacco.

RAFFAELLO TONON: COME SCEGLIERE LE CAMICIE DA UOMO

Quando comprate le camicie per vostro marito o per il vostro ragazzo, ricordate di scegliere sempre il modello adatto alla sua corporatura e all'occasione.

Innanzitutto osservate il colletto, perché la lunghezza e la distanza tra le punte si devono armonizzare con la forma del volto, smorzando i tratti più marcati ed evidenziando quelli deboli: un colletto a punte lunghe e ravvicinate controbilancia un viso largo, un colletto con punte corte e distanziate è perfetto per un viso stretto e lungo, colletti più alti vanno bene per uomini con collo lungo, mentre i colletti bassi sono adatti a persone con collo corto.

Per trovare la misura perfetta, controllate che lo spazio che separa il colletto dalla pelle non superi lo spessore di un dito e che, girando il collo una volta indossata la camicia, le punte del colletto rimangano al loro posto.

CHIGNON QUADRATO

1 SPUGNA RETTANGOLARE • 2 ELASTICI • SPAZZOLA • LACCA • FORCINE • LACCIO COLORATO DI ELASTAN

1 Spazzolate bene i capelli all'indietro, poi fate una coda alta centrale. Spruzzate un po' di lacca sulla testa (non sulla coda).

2. Prendete la spugna e tagliatene una parte in modo da darle una forma quadrata, quindi tagliate un buco di 4-5 cm di diametro al centro. Fate passare i capelli della coda nel buco e fissate la spugna alla testa con qualche forcina.
3. Coprite bene la spugna con i capelli della coda e fissateli con un elastico.
4. Dividete i capelli che fuoriescono dall'elastico in 2 ciocche e attorcigliatele intorno all'elastico stesso, per nasconderlo. Abbellite lo chignon con il laccio di elastan.

CATERINA

UNA PETTINATURA SEMPLICISSIMA!

Un'altra idea molto carina e veloce per avere capelli perfetti? Pettinateli con molta cura, poi spruzzateci sopra un prodotto spray idratante. Raccoglieteli in una coda, legateli e divideteli in 3 ciocche. Intrecciatele, chiudete la treccia con un altro elastico e arrotolatela su se stessa. Nascondete l'estremità sotto la crocchia, fissate l'acconciatura con delle forcine e... voilà, *in 2 minuti ecco pronta l'acconciatura davvero raffinata che mi ha insegnato Roberto Carminati!*

OCCHIALI DA VISTA

• Viso a diamante (cioè con la parte alta più stretta degli zigomi e mento a punta): optate per occhiali con montatura leggera o senza montatura, perché questo tipo di viso ha già di per sé dei lineamenti marcati. Oppure sceglietene un paio dalla forma allungata.

• Viso quadrato (cioè con mascella e zigomi importanti): scegliete montature in grado di ammorbidire le forme squadrate del volto, quindi o tonde alla John Lennon o a goccia, stile *Top Gun*. Altrimenti occhiali con lenti rettangolari ma allungate e montature sottili.

• Viso rettangolare (cioè con parte alta, zigomi e parte bassa all'incirca larghi uguali): l'occhiale dovrebbe rendere più corto e armonioso il viso. Occorre quindi una montatura squadrata importante e marcata, meglio ancora se sfumata: più scura sopra e più chiara sotto.

• Viso triangolare (cioè con fronte larga e mascella e zigomi stretti): scegliete occhiali quadrati con montatura importante, oppure con montatura solo nella parte alta della lente e ponte (cioè la parte centrale che unisce le 2 lenti) basso.

• Viso ovale: avendo un bilanciamento perfetto tra le varie parti del viso potete permettervi di indossare qualsiasi modello di occhiali!

GIOVANNI CIACCI: LARGO ALLA PERSONALITÀ!

Nella moda non esistono regole ferree: l'unica vera regola è sentirsi bene con quello che si indossa, e questo vale anche per gli occhiali. Ricordate sempre che gli occhiali devono rispettare la vostra personalità, quindi, se per esempio siete creativi ed esuberanti, piuttosto che privilegiare montature adatte alla forma del vostro volto, sceglietene una colorata e originale. Insomma, trovare gli occhiali giusti è un po' come andare al canile: è il cane che sceglie voi, non viceversa!

IN UNIVERSITÀ

Ore e ore passate a studiare, ad ascoltare lezioni, a prendere appunti... ma l'università non è solo questo: è un ambiente dove si trascorrono anni fondamentali, si fanno nuove amicizie e spesso qualche importante conquista. Anche per questo, pur se immerse tra libri e quaderni, è sempre meglio essere semplici ma perfette!

MANICURE CLASSICA

NAIL ART

OLIO ESSENZIALE DI CAMOMILLA • BASTONCINO DI LEGNO D'ARANCIO • BUFFER (MATTONCINO PER UNGHIE) • SMALTO

• Mettete in una ciotolina acqua tiepida e qualche goccia di olio essenziale di camomilla e lasciateci le dita in ammollo per 5 minuti, quindi asciugatele. Eliminate le cuticole (cioè la pelle morta che aderisce all'unghia lungo i bordi) strofinando delicatamente con la punta del bastoncino lungo tutto il bordo dell'unghia.

• Limate l'estremità dell'unghia per darle la forma più adatta alla vostra mano: se avete dita affusolate potete farla squadrata, se invece le avete tozze preferite unghie dalla forma tondeggiante, senza spigoli.

• Lucidate l'unghia con un buffer: iniziate con la superficie più ruvida per eliminare le striature; proseguite con quella intermedia che rende omogenea la superficie dell'unghia e concludete con quella liscia che la lucida come se aveste passato lo smalto trasparente. Potete anche fermarvi qui: avrete unghie perfette per un paio di settimane senza dovere togliere e rimettere lo smalto ogni 2-3 giorni.

• Mettete lo smalto in soli 3 passaggi: un pennellata al centro, poi una a ciascuno dei 2 lati, avvicinandovi alla pelle, ma senza toccarla.

TRUCCO PER CHI PORTA GLI OCCHIALI

OMBRETTO VIOLACEO • MATITA PER OCCHI VIOLACEA • MATITA PER OCCHI DEL COLORE DELLE SOPRACCIGLIA • MASCARA NERO • MATITA PER LABBRA PRUGNA • PENNELLO PER OMBRETTO • PENNELLINO PIATTO PER LABBRA • ROSSETTO LIQUIDO PRUGNA CHIARO • FARD COLOR PRUGNA

1. Dopo aver messo fondotinta, correttore e cipria (vedi p. 14), applicate l'ombretto sulla palpebra mobile, debordando leggermente sopra la piega palpebrale. Usate poco prodotto e sfumatelo bene in modo da ottenere una tonalità di colore delicata.
2. Con la matita violacea infoltite la linea delle ciglia della palpebra superiore e la metà esterna di quella inferiore.
3. Applicate il mascara sia sulle ciglia superiori, sia su quelle inferiori.
4. Pettinate le sopracciglia per farle rientrare nell'arcata sopracciliare e ridefinitele con la matita dello stesso colore per dar loro una forma precisa e, per quanto possibile, simmetrica: devono avere il tratto interno ascendente e folto e il tratto esterno discendente, che si assottiglia gradualmente.
5. Disegnate il contorno delle labbra con una matita color prugna: per il contorno superiore partite dal centro e proseguite verso l'esterno, mentre per quello inferiore partite dagli angoli e spostatevi verso il centro. Sfumate leggermente verso l'interno con il pennellino piatto, poi applicate il rossetto.
6. Stendete il fard sugli zigomi e... indossate gli occhiali!

1
2
3
4
5
6

PARIGINE E COLLANT DECORATE

CALZE "PARIGINE" O COLLANT DI MICROFIBRA PESANTE • PITTURA PER TESSUTO DEI COLORI CHE PREFERITE • 2 O PIÙ PENNELLI CON PUNTA A GOCCIA DI DIMENSIONI DIVERSE • CARTONE DI RECUPERO • VECCHI GIORNALI • FORBICI • CIOTOLINE

• Disegnate sul cartone la sagoma di una gamba, ritagliatela e inseritela in una calza per tendere il tessuto e non far colare il colore sul lato sottostante. Proteggete il piano di lavoro con vecchi giornali.

• Per la decorazione floreale, diluite sul piattino i colori per stoffa con un po' d'acqua. Disegnate lungo la calza prima il ramo e le foglie a mano libera usando un pennello piccolo, poi i fiori: per creare i petali basterà intingere il pennello a goccia più grande nel colore e appoggiarlo sul tessuto, ripetendo l'operazione a raggiera. Completate con 3 puntini di colore per creare i pistilli centrali.

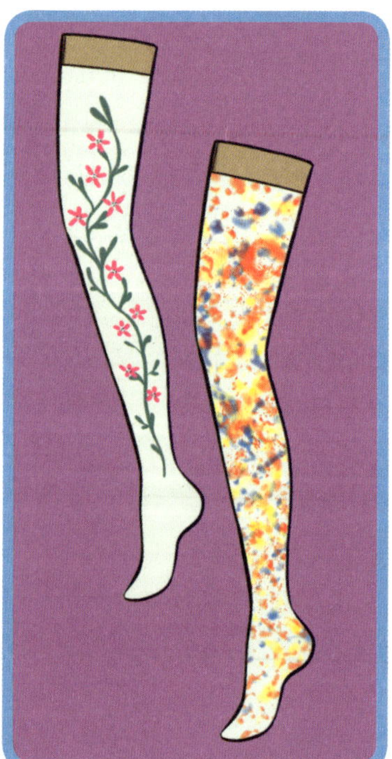

• Per una decorazione multicolore alla Jackson Pollock, versate invece ciascuno dei colori in una ciotolina e diluiteli appena con acqua. Intingete il pennello nella prima ciotolina e fate sgocciolare il colore su tutta la calza, anche agitando il pennello, per creare schizzi e macchie irregolari. Proseguite così con tutti i colori fino a ottenere l'effetto desiderato.

• Replicate la decorazione scelta sull'altra calza e lasciate asciugare 4 o 5 ore prima di estrarle dalla sagoma di cartone e indossarle. Lavate a mano e in acqua tiepida solo dopo 12-24 ore.

CATERINA

LOOK PER STUDENTESSE

Ecco un look giovane, secondo me perfetto per andare in università: vestitino in tinta unita reso meno serio da un paio di parigine a pois colorate, qualche bijoux non eccessivo e stivaletti borchiati, o meglio ancora scarpe maschili con suola di gomma alta almeno 4 cm.
Per quanto riguarda le unghie, invece, sono proprio una classicista: con uno smalto di un bel rosso fragola si va sempre sul sicuro!

BATTESIMO O PRIMA COMUNIONE

Siete state chiamate da un'amica per fare da madrina al suo primogenito nato da pochi mesi. O magari la vostra nipotina celebra la Prima Comunione e vi ha chiesto di accompagnarla in questo momento importante.

Che fare? Con qualche semplice passaggio, potrete realizzare una nail art colorata ma davvero originale e creare degli splendidi cerchietti da cerimonia e un'acconciatura facilissima, perfetti sia per voi sia per la festeggiata.

NAIL ART

NAIL ART CON PIZZO

PIZZO NERO (O DI ALTRO COLORE) MOLTO FINE • SMALTO DI 5 COLORI • SMALTO TRASPARENTE • FORBICINE DRITTE E RICURVE • BASTONCINO D'ARANCIO

1. Stendete lo smalto colorato di una tonalità diversa su ogni unghia. Tagliate un pezzetto di pizzo lievemente più grande dell'unghia stessa.
2. Applicate lo smalto trasparente sopra quello colorato e, senza aspettare che si asciughi, usando delle pinzette da sopracciglia prendete il pezzetto di pizzo, appoggiatelo sull'unghia e fatelo aderire bene, premendo delicatamente con il bastoncino d'arancio.
3. Aspettate che lo smalto si asciughi, quindi tagliate il pizzo in abbondanza con le forbicine dritte e rifinite con quelle ricurve, seguendo il contorno dell'unghia.

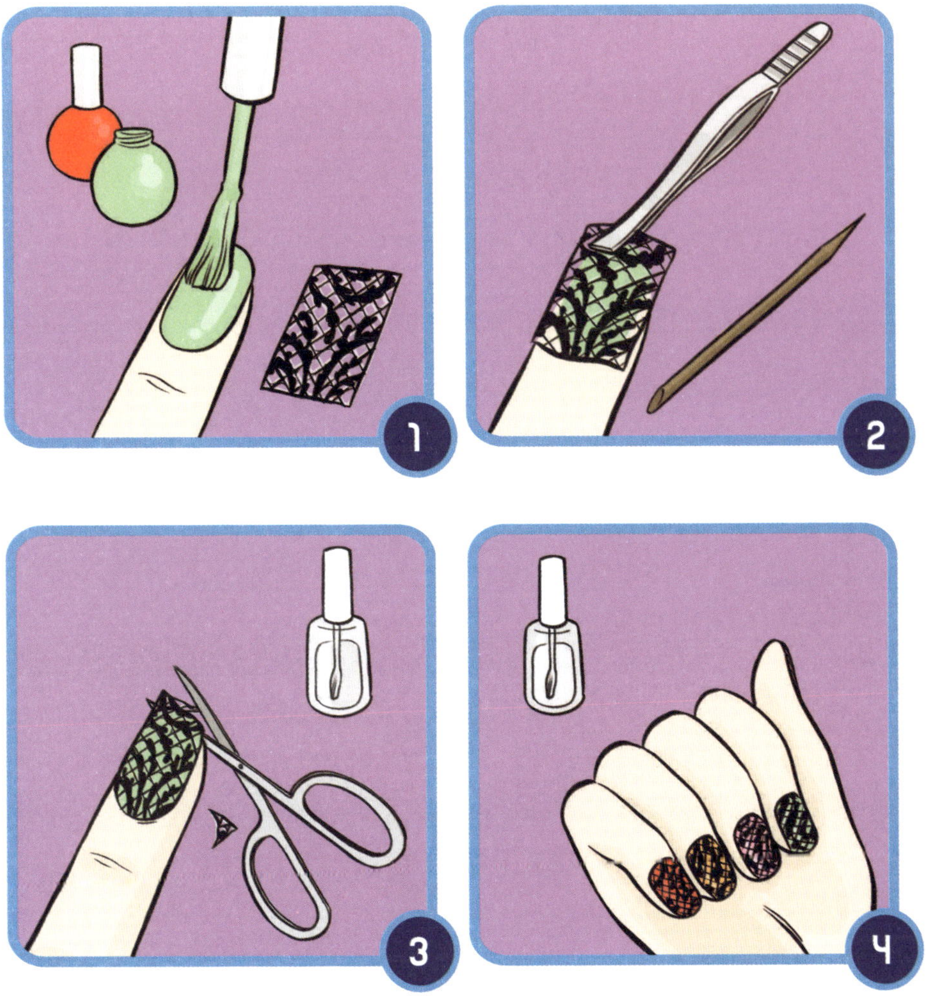

4 Applicate un altro strato di smalto trasparente per assicurarvi che il pizzo resti attaccato all'unghia. Procedete così su tutte le unghie.

FAI DA TE

CERCHIETTI FROU FROU

1 CERCHIETTO IN PLASTICA SENZA DENTINI • FOGLI DI CARTA VELINA (CIRCA 50X70 CM) IN TINTA CON L'ABITO • FORBICI • FIL DI FERRO • 1 O PIÙ PERLE • NASTRO IN TINTA CON L'ABITO • FELTRO • COLLA A CALDO

1. Prendete un foglio di carta velina e piegatelo 2 volte su se stesso in modo da ottenere 4 strati sovrapposti. Con le forbici tagliate il rettangolo così ottenuto sul lato lungo, in modo da ottenere una o più strisce (una per ciascun pon pon che decorerà il cerchietto) larghe almeno 5 cm, tutte uguali o di dimensioni diverse: più sono larghe, più le decorazioni del cerchietto risulteranno grandi e voluminose. Tagliate anche il lato su cui la carta è ripiegata, in modo che le strisce siano aperte su tutti e 4 i lati.
2. Ripiegate ciascuno dei "mazzetti" di strisce su se stesso, a fisarmonica, a una larghezza di circa 2 cm. Eliminate con le forbici la carta in eccesso.
3. Arrotondate le estremità dei rettangoli con le forbici, poi ripiegateli a metà e tagliate alle 2 estremità della piega un piccolo triangolino: questi taglietti fungeranno da invito per il fil di ferro.
4. Avvolgete un pezzetto di fil di ferro intorno al centro del rettangolo facendolo scorrere nelle 2 rientranze e richiudetelo avvolgendo le estremità su se stesse, quindi tagliate la parte in eccesso. Aprite il ventaglio da entrambe le parti e iniziate a "sfogliare" molto delicatamente gli strati di carta velina, uno a uno.
5. Con una punta di colla a caldo fissate il nastro a una delle 2 estremità del cerchietto, sia internamente sia esternamente, quindi avvolgete tutto il cerchietto con il nastro. Fissatelo alla

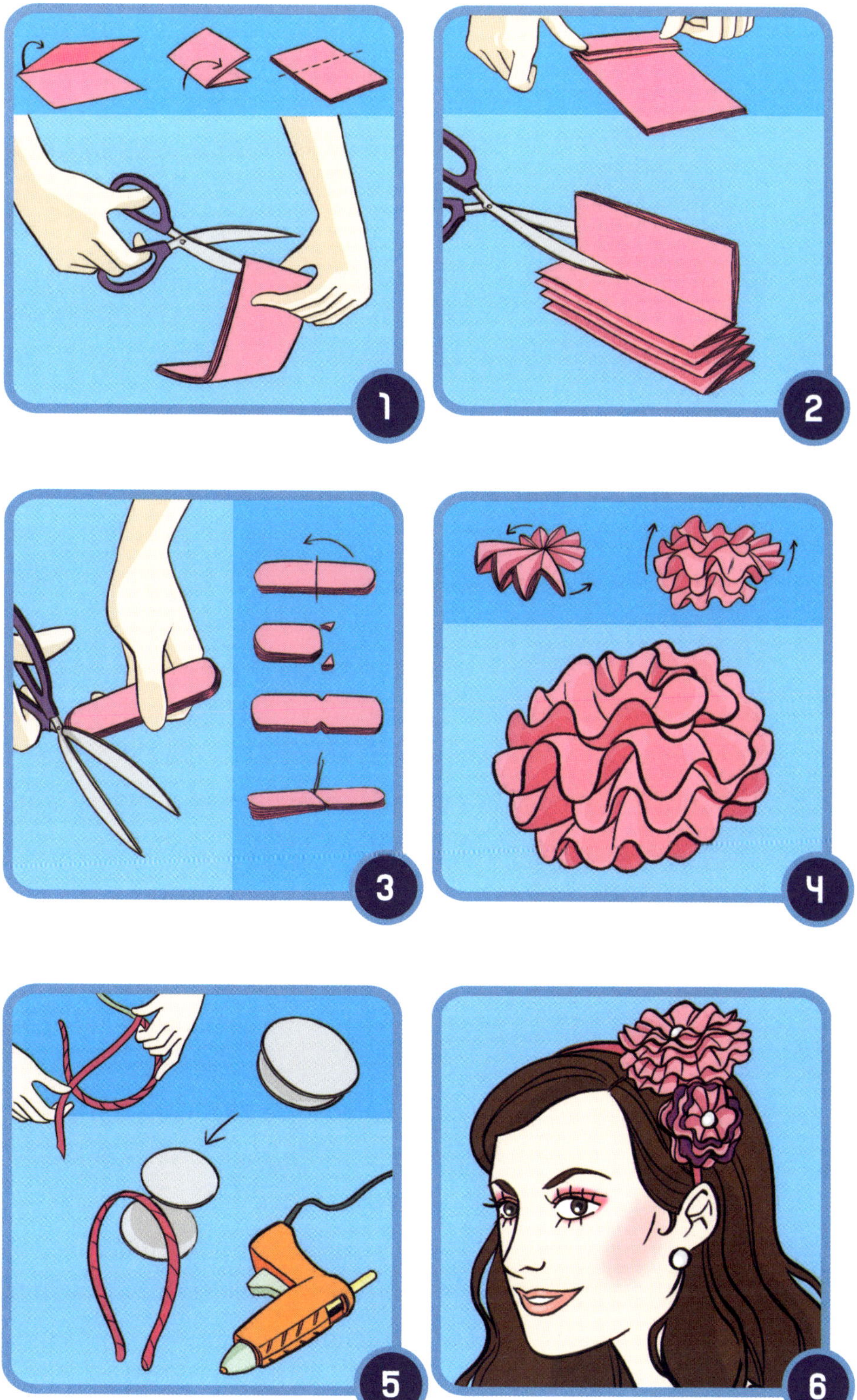
1
2
3
4
5
6

fine con un'altra punta di colla a caldo e tagliate con le forbici quello che avanza. Ritagliate dal feltro 2 cerchi per ciascun pon pon (della stessa circonferenza del pon pon o leggermente più piccoli), poi con la colla a caldo attaccate uno di essi internamente al cerchietto, in corrispondenza del punto in cui volete fissare il pon pon. Infine incollateci sopra l'altro disco. Ripetete l'operazione se volete decorare il vostro cerchietto con più di un pon pon.

6 Con una punta di colla a caldo attaccate un pon pon su ciascun disco e, se volete, completate la decorazione incollando al centro del pon pon una perla per renderlo un bellissimo fiore di carta. Il cappellino è pronto!

CHIARA GEROLDI: UN'IDEA IN PIÙ PER LE VOSTRE FESTE

Per decorazioni ancora più belle e particolari potete realizzare i pop pon usando strati di carta velina di colori diversi: per esempio fucsia e rosa pallido, oppure bianco e azzurro.
Inoltre, se li create di dimensioni molto più grandi, diventano delle splendide decorazioni per una raffinata festa di compleanno o per un buffet prima o dopo la cerimonia: potete infatti usarli per formare dei festoni da appendere alle pareti.

CATERINA

LOOK PER DONNE INCINTE

Queste foto sono state scattate appena 2 giorni prima del parto, quando ormai la pancia scoppia ed è un dramma trovare qualcosa da indossare! Per sentirmi bella e a mio agio seguivo il trucco della mamma, che consiglio anche a voi: comprate un abito che vi piace davvero, anche della vostra taglia, l'importante è che sia elasticizzato e stile impero. Io per questa occasione ci avevo abbinato un cappottino dello stesso colore, semplice da chiudere anche con il pancione perché aveva una cintura che si legava in vita.

ACCONCIATURA PER CERIMONIA

2 CRESPI PICCOLI • 2 ELASTICI • SPAZZOLA • FORCINE • CERCHIETTO (FACOLTATIVO)

1. Dividete i capelli in 2 sezioni, una frontale (i capelli che circondano il viso) e una posteriore. Lasciate liberi i capelli davanti e con il resto della chioma realizzate 2 code basse leggermente incrociate.
2. Inserite in ogni coda un piccolo crespo e fissate entrambi alla testa con delle forcine.
3. Dividete ogni coda in ciocche e fissatele in maniera irregolare alla testa con le forcine, lasciando ricadere liberamente i ciuffi finali, ma facendo attenzione a coprire del tutto i crespi.
4. Prendete i capelli della sezione frontale rimasti liberi, divideteli in 2 ciocche, portateli dietro la testa e fissateli al centro con altre forcine. Se volete, potete completare l'acconciatura con un cerchietto decorato.

ROBERTO CARMINATI: IL CRESPO, IL CALZINO E LA SPUGNA

Il crespo è una ciambella creata con dei capelli sintetici (esiste biondo, castano, moro... per ogni tipo di capelli) ed è spesso usato dai parrucchieri come sostegno per realizzare diversi tipi di acconciature. Per questo motivo viene venduto in varie dimensioni: molto grande, perfetto per creare delle cofane anni Sessanta, o più piccolo, per realizzare facilmente degli chignon.

Se non volete comprarlo potete facilmente sostituirlo con altri oggetti: un calzino che avrete arrotolato su se stesso dopo avergli tagliato la punta o addirittura una spugna (vedi p. 20). A quest'ultima potete dare la forma che volete: tonda ma anche geometrica... oltre al quadrato provate il triangolo e il rettangolo!

BRUNCH

Il brunch, cioè il pasto a metà tra pranzo e colazione molto in voga negli Stati Uniti, è ormai diventato anche in Italia, specialmente il sabato o la domenica, un appuntamento imperdibile. In genere si svolge in locali alla moda molto frequentati, quindi, se avete l'occasione di andarci con amiche, parenti o colleghi, seguite i miei consigli: farete un figurone!

FOULARD

COME SCEGLIERLI

- **Tessuto:** esistono foulard di materiali diversi, ma non dimenticate che il foulard per eccellenza è quello in seta. Decidete anche in base alla stagione.
- **Colore:** potete sceglierlo in netto contrasto oppure tono su tono rispetto al vostro abbigliamento. In ogni caso, quando lo acquistate, optate per colori che si sposino bene con la maggior parte del vostro guardaroba in modo da poterlo sfruttare il più possibie. Nell'armadio non può però mai mancare un foulard fantasia sui toni del bianco e nero e uno su quelli caldi del marrone e del beige.
- **Occasione:** per scegliere quale indossare bisogna valutare l'occasione (elegante o sportiva, da giorno o da sera, informale o cerimonia). Ovviamente i foulard devono sposarsi bene con il resto dell'abbigliamento.

COME INDOSSARLI

- **Foulard anni Cinquanta:** così lo indossavano le dive del cinema della fine degli anni Cinquanta, come Grace Kelly e Liz Taylor. Piegate il foulard in 2 a triangolo, appoggiatelo sulla testa lasciando il vertice del triangolo sulla schiena, incrociate le altre 2 estremità sotto il collo e legatele sulla nuca, sopra al foulard. È molto chic e perfetto con un bel paio di occhiali da sole.

- **Foulard con anello:** Piegate il foulard in 2 lungo la diagonale, ripiegate all'interno solo la punta del triangolo, poi arricciatelo e mettetelo al collo, in modo che le 2 estremità ricadano sul petto. Infilatele all'interno di un anello di un tono di colore che richiami quello del foulard, poi fate scivolare l'anello fino al collo.
- **Foulard bandana:** è un modo di portare il foulard più "rock", perfetto con giubbotti e t-shirt. Prendete un foulard dalle misure standard, ovvero 90x90 cm, stendetelo e poi piegatelo a metà a triangolo. Appoggiate il foulard sul petto tenendo il vertice del triangolo davanti, incrociate le altre 2 estremità dietro al collo, riportatele davanti e legatele. Potete stringere leggermente il foulard e lasciare il nodo in vista per un look un po' più sportivo, oppure optare per una bandana morbida con il fiocco nascosto sotto il foulard.
- **Foulard collana:** prendete un foulard di misura media (circa 60x60 cm), ricavate la fascetta, mettetela al collo e annodate, poi arrotolate entrambe le estremità attorno al foulard stesso, una a destra e una a sinistra e infine riannodate le 2 estremità dietro il collo. È perfetto con un girocollo, in sostituzione della classica collana-gioiello.
- **Foulard anni Settanta e Ottanta:** piegate il foulard a triangolo e appoggiatelo sulla testa con il vertice rivolto all'indietro e legate i 2 lembi sulla nuca con un doppio nodo: la bandana deve passare a metà orecchio e a metà fronte. Indossatelo in estate al posto del cappello, magari in abbinamento al vostro costume o al pareo.
- **Foulard cerchietto:** create la fascetta con un foulard grande, appoggiatela al collo, prendete un anello di metallo del diametro di circa 3 cm e fateci passare i 2 lembi di stoffa. Fate scorrere il foulard sulla testa posizionandolo come un cerchietto e in modo che l'anello si trovi davanti, sopra alla fronte, quindi tirate i 2 lembi dietro alla nuca e legateli.

DINA MAZZUCATO SCHILLER: LA PASHMINA CON SPILLA

Molte donne per fissare il foulard al collo, invece dell'anello, usano le spille: evitate di farlo, specialmente se è di seta, perché rischiate di rovinarlo! Se avete una bella spilla, usatela piuttosto con una pashmina, cioè una sciarpa di puro cashmere, meno delicata: appoggiatela sulle spalle lasciando cadere i lembi sul petto, sistematela in modo che il lembo sinistro sia leggermente più lungo dell'altro, quindi fissatelo sulla spalla destra con la spilla. La pashmina si trasformerà in un coprispalla davvero chic!

MODA

3 LOOK PER BRUNCH

- **Look trench:** il pezzo chiave di questo look è il trench, un capo evergreen che dà immediatamente un aspetto sofisticato ma non troppo formale e si abbina quasi con tutto: in questo caso potete indossarlo sopra a un abitino lungo fino al ginocchio, con una borsa bauletto e ai piedi un paio di stivali o un tronchetto. E non dimenticate un ultimo dettaglio importante e non trascurabile: il foulard (vedi p. 36)!
- **Look longuette:** la gonna longuette dona subito al look un tono elegante ma allo stesso tempo grintoso. È perfetta in abbinamento a una camicia abbondante e a un micro cardigan e va necessariamente indossata con una scarpa con tacco alto.
- **Look funny:** perfetto per le più giovani, si compone di una gonna sopra al ginocchio, anche a pieghe, un top, un cardigan e, se volete dare al vostro stile un tocco ironico e sbarazzino, un baschetto e una spilla originale appuntata al petto. Per un buon mix tra divertente e sofisticato osate anche con qualche tocco di colore, per esempio abbinando una borsa a tracolla rossa e un paio di scarpe francesine indossate con i calzettoni o le parigine. Altrimenti vanno benissimo anche le ballerine.

CATERINA

LOOK ESTIVI CON FOULARD

Il foulard strangolino si abbina benissimo alle camicette, ai maglioncini girocollo e a maglie e vestiti con scollo a V, come questo. Basta prendere un foulard di piccole dimensioni, ripiegarlo a fascetta e legarlo al collo piuttosto stretto, posizionando il fiocco lateralmente.

Oppure potete ricavare da alcuni vecchi foulard dei triangolini di stoffa e legarli alla caviglia, scegliendo colori e fantasia in abbinamento al vestito: sarete originali e sexy.

Questi look così colorati e divertenti sono perfetti per un brunch estivo all'aperto.

TRUCCO DAI COLORI AUTUNNALI

MATITA PER OCCHI MARRONE • OMBRETTO MARRONE-BORDEAUX • OMBRETTO MARRONE BRONZATO • PENNELLO PER OMBRETTO • MASCARA NERO VOLUMIZZANTE • ROSSETTO NEI TONI DEL MARRONE • GLOSS ARANCIATO • FARD CREMOSO (O IN POLVERE, SE AVETE LA PELLE GRASSA) BISCOTTO ARANCIATO OPACO

1. Dopo aver messo correttore, fondotinta e cipria (vedi p. 14), applicate la matita marrone sul contorno superiore dell'occhio, da metà verso l'esterno, debordando e inspessendo la linea vicino all'angolo, poi risalite parzialmente lungo la piega palpebrale. Applicate lungo la metà esterna della linea delle ciglia inferiori la stessa matita e unite le 2 linee all'angolo esterno dell'occhio.
2. Sfumate la matita con un pennello, soprattutto lungo la piega palpebrale: lo scopo non è quello di definire la riga, ma di creare una base più scura per gli ombretti e intensificarne il colore.
3. Applicate l'ombretto bordeaux sulla matita sfumata, debordando leggermente agli angoli esterni dell'occhio e sopra la palpebra mobile superiore, fino ad avvicinarsi all'arcata sopraccigliare. Sfumate con lo stesso ombretto anche sulla palpebra inferiore, poi stendete quello bronzato sulla parte interna della palpebra superiore mobile.
4. Applicate la matita marrone tra le ciglia superiori e inferiori, senza delinearle troppo: non bisogna creare una linea in contrasto con gli ombretti. Mettete il mascara nero.
5. Applicate sulle labbra il rossetto, poi coprite con uno strato di gloss.
6. Applicate il fard sugli zigomi.

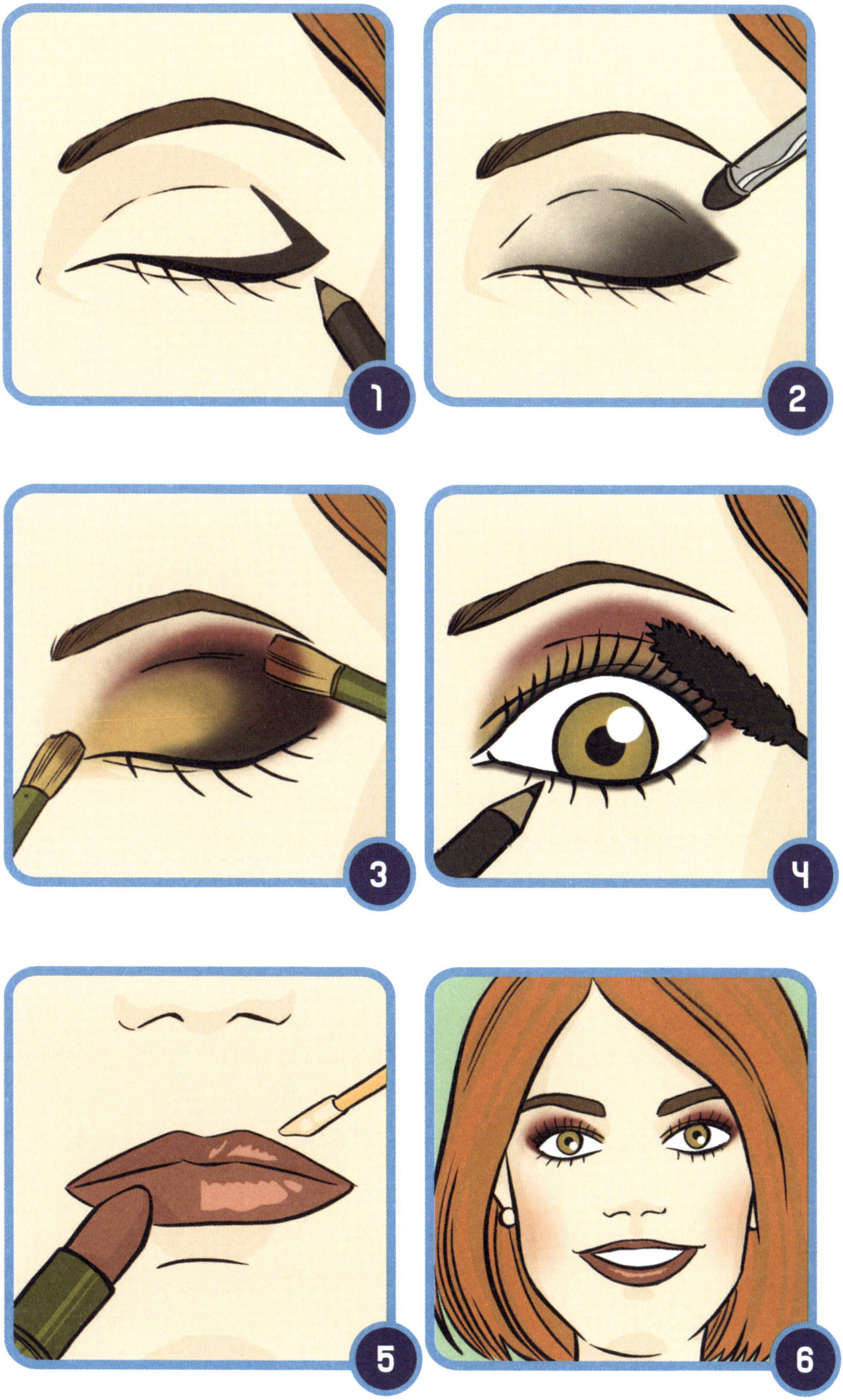
1
2
3
4
5
6

AL MARE

Le vacanze al mare significano relax, riposo, molto sole, lunghe passeggiate sulla spiaggia, vita notturna... e tanto tanto stress! Sì, perché tra bikini che svelano ogni imperfezione, poco o niente trucco per mascherare i difetti e copricostume corti e trasparenti, molte donne vanno in ansia. Esiste però una soluzione: giocate in anticipo per eliminare le smagliature e sbalordite tutti con dei look colorati e super estivi!

3 LOOK DIFFERENTI CON UNA T-SHIRT

- **Maglia mono-spalla pop:** indossate una t-shirt XXL da uomo, estraete un braccio attraverso il foro del collo, quindi nascondete la manica rimasta vuota infilandola all'interno della sua stessa apertura e copritela con un cinturone. Completate il look con leggings, sneakers e braccialetti e orecchini fluo di plastica.
- **Mini abito:** indossate una t-shirt XXL da uomo, estraete entrambe le braccia e infilatele nell'apertura del collo e legate le maniche rimaste vuote o davanti, sotto al petto, o dietro la schiena. Abbinate al mini abito un giubbetto jeans, sandali con zeppa e cappello e borsa di paglia.
- **Gonna vintage-chic:** indossate una t-shirt XXL da uomo, estraete entrambe le braccia e infilatele nell'apertura del collo, poi fate scorrere il collo della maglietta fino alla vita. Nascondete entrambe le maniche all'interno della loro stessa apertura (diventeranno delle finte tasche) e, se volete la gonna un po' più corta, indossate dei pantaloncini aderenti sotto la gonna e infilate le estremità laterali della gonna nelle gambe dei pantaloncini, creando un effetto a palloncino. Indossate una canottiera e completate con ballerine, pochette, braccialetti dorati e un foulard in tinta tra i capelli.

OLIO PER SMAGLIATURE

BEAUTY

50 ML DI OLIO DI MANDORLE DOLCI • 50 ML DI OLIO DI JOJOBA • 2 CAPSULE DI VITAMINA E • 10 GOCCE DI OLIO ESSENZIALE DI LAVANDA DI NEROLI, DI ROSMARINO E DI PATCHOULI OPPURE DI OLIO ESSENZIALE DI LIMONE, DI YLANG-YLANG, DI ROSA E DI ELICRISIO

• Mescolate assieme tutti gli ingredienti, quindi trasferite l'olio in un contenitore vuoto, ripulito e asciugato: si conserva fino a 6 mesi.
• Usate l'olio tutti i giorni, dopo la doccia: agitate il contenitore e massaggiate sulla parte interessata, fino al completo assorbimento.

CATERINA

IL MIO LOOK GIPSY

In estate, largo a vestitini leggeri, cappelli a tesa larga e occhiali da sole. Per la sera consiglio un look un po' gitano: abito lungo in tessuto a fantasia, un foulard annodato sulla testa per evitare l'effetto "leonessa" e sandali o espadrillas con zeppa. Nella foto sono alla mia prima estate da mamma: Guido Alberto aveva 2 mesi!

In montagna o in città, a spasso per fare acquisti o al bar con i colleghi, di pomeriggio bisogna optare per un look da giorno, senza quindi esagerare con make up, tacchi o abiti molto eleganti... a meno che non dobbiate partecipare a qualche cerimonia o evento importante! Il trucco però consiste nello scegliere un abbigliamento abbastanza versatile e chic da potersi trasformare, soltanto grazie all'aggiunta di qualche accessorio o a un semplice cambio di scarpe, in un outfit perfetto per un happy hour o per un appuntamento importante. Così, in un attimo, terminato il giro turistico o di ritorno dallo shopping, sarete pronte per andare direttamente nel locale alla moda in cui dovete cenare con il vostro ragazzo o incontrare gli amici.

POMERIGGIO

SHOPPING

È il periodo dei saldi o, più semplicemente, siete state prese da una voglia irrefrenabile di fare acquisti. Indossate un pratico ma grazioso abitino da giorno, ovvero uno di quei capi più o meno sportivi perfetti anche per andare in ufficio, per fare la spesa o una passeggiata, sfoggiate una manicure di grande tendenza ispirata a una fantasia che sicuramente avete notato in tutte le vetrine dei negozi di abbigliamento e partite a caccia di vestiti, scarpe e accessori. Eh sì, perché se parliamo di shopping non possiamo fare a meno di parlare di borse: sia perché noi donne ne compreremmo a migliaia, sia perché per andare per negozi è indispensabile sceglierne una comoda e robusta!

BORSE

REGOLE GENERALI

• La borsa per tutti i giorni deve essere comoda, pratica e adattabile a situazioni ed esigenze diverse, perciò sceglietela di un colore compatibile con quelli più presenti nel vostro guardaroba e, preferibilmente, in tinta unita, in modo che possiate ammortizzare la spesa d'acquisto sfruttandola il più possibile! Inoltre è importante che sia davvero resistente: preferite quelle realizzate con pellame di ottima qualità perché, anche se costose, dureranno più a lungo.

• Quando scegliete una borsa per un'occasione particolare, per esempio una cerimonia, potete invece osare un po' di più con colori e decorazioni, lasciando spazio alla vostra personalità, ma ricordando sempre di abbinarla all'abito.

• Non posizionate mai la borsa su un punto del corpo che non volete mettere in evidenza. Perciò, se avete fianchi larghi, scegliete un modello da portare a spalla, mentre se il vostro décolleté è importante utilizzate una borsa da portare a mano oppure da appoggiare sull'avambraccio, per esempio un bauletto.

• Se avete una corporatura piccola e minuta rinunciate alle borse oversize: modelli troppo grandi e morbidi che arrivano sotto il punto vita fanno sembrare più basse!

• Mantenete un buon portamento, anche se il peso della borsa è eccessivo: meglio non farlo notare e camminare con disinvoltura esercitando i muscoli delle braccia. Assolutamente vietato curvare busto e spalle!

MODELLI

• **Borsa a tracolla:** perfetta per un look da giorno, per esempio per una passeggiata in centro, per lo shopping o per una mamma sempre indaffarata. Deve arrivare all'inizio della coscia ed essere portata sulla spalla, con il braccio allungato e la mano che la tiene ferma: va incrociata sulla spalla opposta solo se indossate un abbigliamento iper-sportivo, come jeans e maglietta, e mai se avete un seno abbondante.

• **Borsa con manici:** se capiente è l'ideale per chi lavora in ufficio, perché può contenere agenda, telefono, tablet... tutto! È perfetta con un look che esprime serietà e professionalità e può essere portata sia a mano sia, se non è troppo pesante, appoggiata a metà avambraccio, con il braccio rivolto verso il busto e la mano non troppo floscia.

• **Pochette:** si sposa con i look da sera, per una cerimonia, per l'aperitivo e per una serata elegante. Una mini borsa è infatti sempre molto chic e permette anche di osare con colori e materiali un po' più eccentrici e vistosi. Se non ha il manico va tenuta con la mano chiusa come se portassimo un'agenda, cercando, se le ha, di lasciare in mostra decorazioni particolari o preziose. Il braccio deve essere steso ad altezza coscia oppure ripiegato verso l'interno, tenendo la borsa sotto il seno. Nel caso vi servisse avere le mani libere, potete tenerla ferma con il gomito all'altezza del fianco, ma mai sotto l'ascella!

NAIL ART PIED DE POULE

PITTURA ACRILICA NERA • PITTURA ACRILICA BIANCA O COLORATA (DI UN SOLO COLORE O 5 DIVERSI) • PENNELLO SOTTILE • SMALTO TRASPARENTE

1 Diluite leggermente la pittura acrilica, stendete sulle unghie quella di colore nero e fate asciugare. Usando l’acrilica colorata create

un reticolo di linee verticali e orizzontali sull'unghia: le linee devono avere uno spessore di circa 2 mm, che deve essere anche la distanza tra una e l'altra. Si creeranno dei quadratini neri.

2. Disegnate 2 triangolini al vertice in alto a sinistra di ogni quadrato nero e colorateli all'interno. I triangoli devono essere all'incirca grandi quanto metà dei quadratini neri.
3. Disegnate una linea obliqua verso il basso che parte dal vertice in alto a destra e da quello in basso a sinistra di ciascun quadratino.
4. Dopo aver fatto asciugare, coprite con lo smalto trasparente e ripetete l'operazione su tutte le unghie, volendo con colori diversi.

RAFFAELLO TONON: L'INTIMO PER UOMO

Se approfittate del pomeriggio di shopping per comprare dell'intimo per il vostro uomo, ricordate sempre che il colore per eccellenza per questi capi è il bianco o, al massimo, il grigio mélange. Fate poi sempre attenzione alla taglia delle maglie intime o delle canottiere perché un capo grande rischia di deformare la silhouette e creare pieghe antiestetiche sulla camicia. Inoltre controllate i materiali con cui sono realizzate, tenendo presente che è sempre preferibile scegliere capi in cotone piuttosto che in lana, anche in caso di freddi intensi. Infatti la lana trattiene il sudore, che poi al freddo rischia di ghiacciarsi, diventando causa di malanni: meglio allora preferire un intimo fatto di cotone all'interno e di lana all'esterno. Un ultimo consiglio su come farlo indossare ai vostri mariti e fidanzati: ricordate loro che l'intimo non si deve mai vedere (se tengono la camicia un po' aperta è bene che sotto indossino maglie a V) né deve essere usato come capo d'abbigliamento vero e proprio, stile rapper o Marlon Brando!

CATERINA

LOOK DA GIORNO

Per qualsiasi motivo usciate di casa, non andate mai a spasso in tuta e ciabatte! In questo caso, essendo una calda giornata di primavera, oltre ai pantaloni a sigaretta, la camicetta bianca in tessuto leggero e la borsa a tracolla, ho indossato un paio di occhiali scuri e un cappello per proteggermi dai raggi del sole: io infatti sono fissata e non lo prendo mai! Ho completato l'outfit con un paio di sandali senza tacco dorati per dare al look un tocco scintillante. Se decidete di mettere in mostra i piedi, ricordate però di fare la pedicure o di usare uno smalto di un colore brillante, che maschererà ogni difetto.

ABITINI DA GIORNO

REGOLE GENERALI

• **Scegliete un modello adatto al vostro fisico:** controllate dove si trovano le cuciture e se il punto vita è segnato o meno, se lo scollo è a V oppure rotondo, se la manica è lunga o no... alla ricerca di tagli e modelli che mettano in luce i vostri pregi e nascondano i vostri difetti.

• **Fate attenzione al tessuto:** innanzitutto tenete presente che gli abiti da giorno possono essere di cotone, lana, tessuti sintetici o maglina, perché seta e chiffon sono considerati più adatti ad abiti da sera. Evitate poi i tessuti sintetici e aderenti se siete curvy. Inoltre, se volete nascondere qualche rotolino, evitate tutti i tessuti lucidi, opalescenti o satinati, specialmente in colori chiari o pastello: meglio optare per quelli leggeri e freschi come il cotone.

• **Non sbagliate taglia:** molte persone comprano abiti troppo piccoli, perché fasciando il fisico credono di apparire più snelle oppure, al contrario, optano per taglie abbondanti per stare più "comode" e nascondere qualche difetto. Sbagliato: l'abito deve cadere a pennello!

• **Controllate la lunghezza:** per scegliere quella più adatta, oltre alla vostra età, tenete sempre presente le forme del vostro corpo. Le donne a mela, cioè prosperose sul petto, stanno infatti bene anche con abiti che arrivano a metà coscia, mentre le donne a pera, cioè con fianchi e lato B abbondanti, devono sceglierli lunghi almeno al ginocchio o, al limite, appena sopra.

MODELLI

• **Abito camicia:** la sua caratteristica è quella di avere dei bottoni nella parte anteriore, proprio come una camicia, oppure una zip.

Dunque è un modello molto sportivo e sicuramente pratico e comodo, perciò perfetto per fare la spesa, portare a scuola i bambini e per svolgere le varie commissioni quotidiane. Evitate però di esagerare con le taglie nel tentativo di nascondere qualche chilo in più e di arricchire con accessori, perché l'effetto fagotto è dietro l'angolo. Sta benissimo con dei semplici pantacollant e scarpe basse, anche da ginnastica, ma per dargli un tocco più elegante si può indossare con stivali e una cintura o una fascia sotto il seno.

- **Abito a portafoglio:** come tutti gli abiti che creano volume sull'addome – cioè quelli con *gale* e *rouches* – andrebbero evitati se siete curvy, soprattutto se fatti in maglina o tessuti stretch. Ma se optate per un modello in cotone e perciò meno attillato potreste anche riuscire a nascondere i chiletti in più, senza rinunciare a un taglio diverso dal solito.
- **Abito fasciante:** è sicuramente più elegante rispetto all'abito camicia, ma bisogna stare molto attente a scegliere il tessuto più indicato. Per esempio, per un look da giorno evitate la seta. Particolarmente ostili per le ragazze curvy sono i tessuti sintetici o la maglina: hanno la caratteristica di segnare troppo i rotolini oppure gli elastici della biancheria intima. Se volete indossarli di giorno, per sdrammatizzare l'abito e non essere troppo sexy giocate con i collant. Prendetene, per esempio, un paio a pois e sarete perfette!
- **Abito a palloncino:** avendo una parte inferiore voluminosa è assolutamente vietato alle ragazze a pera, ovvero a coloro che hanno fianchi e lato B abbondanti, perché, anziché bilanciare, fa apparire la zona bacino ancora più abbondante. In linea di massima è più adatto per chi non ha un lato B prosperoso.
- **Abito ad A:** si tratta di un abito svasato, cioè con taglio stretto sulla vita e la gonna ampia. Dunque perfetto per mettere in mostra un vitino da vespa e nascondere fianchi e lato B prosperosi, perché il tessuto non fascia né il fianco né la pancetta!

- **Abito stile impero:** ha il vantaggio di cadere morbido sia sullo stomaco sia sui fianchi. Perciò se avete una maxi maglia o un vestito un po' informe, usate una cintura sottile stretta sotto al seno per trasformarlo in un abito con questo taglio.

ELISA D'OSPINA: COME E QUALI LEGGINGS INDOSSARE

I leggings spesso rappresentano un abbinamento comodo e perfetto per gli abiti da giorno, ma solo se rispettate alcune regole fondamentali.

Innanzitutto quella che tutte le donne, a prescindere dal proprio fisico, non dovrebbero mai scordare: i leggings non sono pantaloni! Quindi non indossateli mai con maglie corte, mettendo completamente in mostra il lato B: rischiereste di sembrare volgari e certamente meno snelle.

Sì invece a leggings indossati con abitini oppure con maglie oversize.

A meno che non abbiate un fisico davvero asciutto, evitate anche i leggings a vita bassa, che evidenziano pancetta e maniglie dell'amore: sfruttate invece questo capo per "contenere" i rotolini optando per modelli a vita alta.

Infine no ai leggings a pinocchietto, specialmente se indossati con le scarpe basse, perché fanno sembrare meno alte e soprattutto molto "sciatte".

IN VIAGGIO

Viaggiare spesso significa avere poco tempo da dedicare a se stessi, presi tra check-in in albergo, spostamenti, visite guidate e sveglie all'alba. Ma non per questo bisogna rinunciare ad apparire sempre al meglio: ecco quindi 3 facili tutorial che vi salveranno la vita! Imparerete a scegliere i jeans che più vi valorizzano, a realizzare una nail art di tendenza con 2 smalti e uno stuzzicadenti e a preparare una BB cream naturale.

NAIL ART

NAIL ART MELANGE

SMALTO DI 2 COLORI A CONTRASTO SCURO/CHIARO • SMALTO TRASPARENTE • STUZZICADENTI

1. Stendete lo smalto trasparente su tutte le unghie e fate asciugare, quindi applicate lo smalto chiaro sulla metà destra della prima unghia anche in diagonale, abbondando con la quantità.
2. Sull'altra metà dell'unghia applicate immediatamente lo smalto scuro, sempre usando prodotto in abbondanza.
3. Con lo stuzzicadenti disegnate sullo smalto ancora fresco dei motivi a scelta, facendo in modo che la punta sia perpendicolare all'unghia e che passi su entrambi i colori trascinandoli e fondedoli leggermente: una spirale, una linea sinuosa, linee orizzontali parallele (tracciate prima in un senso e poi nella direzione opposta, tra una e l'altra delle linee precedenti), o una sequenza di piccoli 8.
4. Proseguite così su tutte le unghie: potete anche decorare ognuna con un motivo diverso!

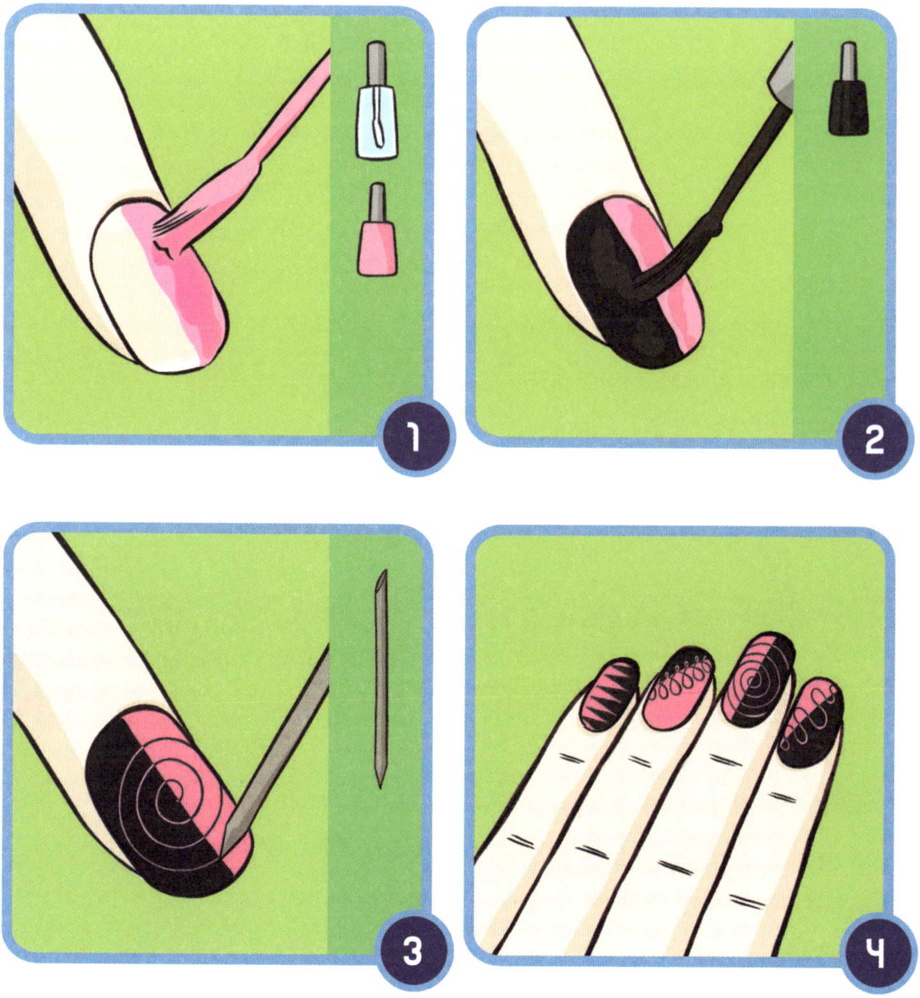

IRENE MERLO: UNGHIE DA STADIO

Questa tecnica è perfetta per realizzare una nail art da vera tifosa. Infatti potete prepararla usando i colori della vostra squadra del cuore o provare una variante leggermente più complessa con 3 smalti differenti in occasione della partita della Nazionale: vi basterà dividere l'unghia in 3 parti e colorare ciascuna con smalto rosso, bianco e verde, prima di passare allo stuzzicadenti.

JEANS

REGOLE GENERALI

• I jeans sono comodissimi e davvero versatili: si possono indossare in tutti i periodi dell'anno e soprattutto nelle mezze stagioni.

• Tutti possono indossare i jeans, basta saper scegliere il modello giusto e con le cuciture più adatte (vedi punti seguenti).

• Scegliete la taglia corretta: abbondare con le misure nel tentativo di mascherare i chili di troppo o qualche rotolino servirà solo a farvi sembrare più robuste, non più magre!

CUCITURE

• **Ad arco inverso:** tende a far apparire il lato B più "pieno".

• **Dritta:** tende ad allargare la vita, quindi va scelta solo se si vogliono valorizzare o accentuare le proprie curve.

• **A V:** è tra le più diffuse e riesce a dare armonia e a valorizzare la forma dei glutei.

• **A cuore:** molto utile per dare forma e volume a un lato B minuto, quindi assolutamente da evitare se siete curvy!

• **Ampia:** ovvero molto distante dal punto vita, con tasche ribassate. Questo modello, molto diffuso nei capi maschili, in generale non è adatto alle forme femminili!

• **Tasche cucite:** è un modello classico, che ricorda i pantaloni maschili e veste molto bene coloro che hanno un lato B abbondante.

MODELLI

• **A vita molto bassa:** accentuano la pancetta e le maniglie dell'amore, quindi se li avete e non vi piace metterle in mostra non li indossate.

• **A vita alta:** permettono di camuffare la pancetta e le maniglie dell'amore, perché contengono il bacino e la vita.

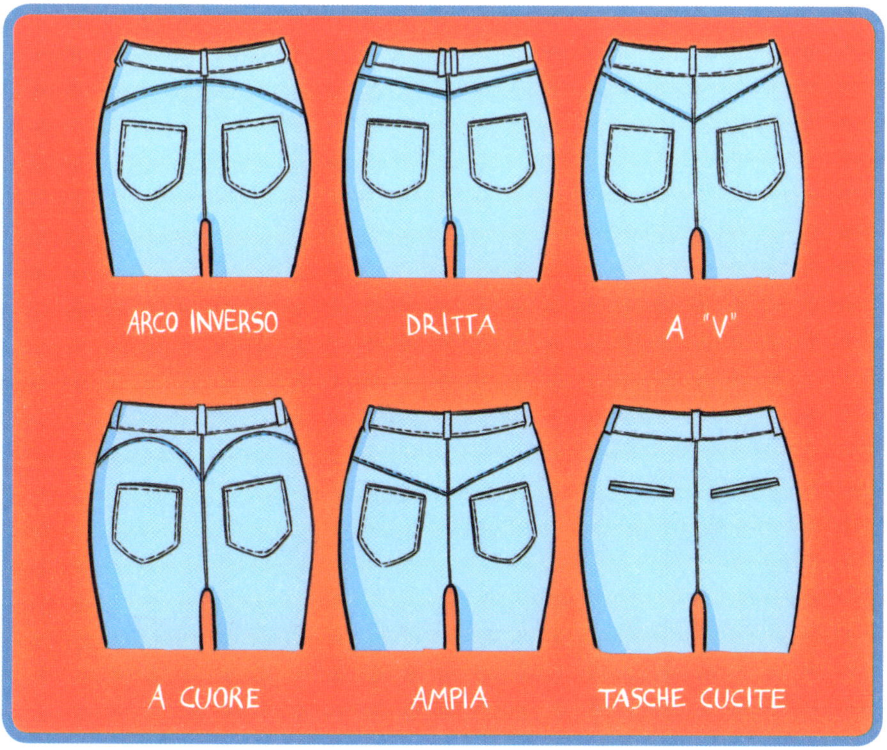

• **Con il cavallo basso (chiamati anche harem, o alla turca):** tendono ad allargare la parte inferiore del corpo, perciò non indossateli assolutamente se avete un fisico a pera (fianchi larghi e lato b importante), e comunque portateli solo con il tacco.

• **Skinny,** cioè aderenti: snelliscono e, se indossati con un tacco alto, allungano la gamba e la fanno apparire più magra.

• **A sigaretta:** slanciano molto la figura.

• **A pinocchietto (detti anche 7/8):** segnano il polpaccio e quindi non slanciano la figura, facendo sembrare chi li indossa più bassa e tozza.

• **A campana:** si posso indossare solo con le zeppe o tacchi molto importanti perché non slanciano la figura.

• **Boot cut:** a differenza di quelli a campana, sono stretti nella parte superiore e solo leggermente sfasati sul fondo. Questo taglio crea un effetto ottico che fa sembrare la coscia più snella.

CATERINA

ESTATE DA TURISTA

In estate, che ci si trovi in montagna o in città, in Italia o all'estero, quando si cammina tutto il giorno per visitare palazzi, chiese, musei o parchi naturali, la regola da seguire in fatto di abbigliamento è soltanto una: essere comode ma non trasandate! Io, quindi, vi consiglio un look davvero semplicissimo: maglietta, shorts e scarpe basse, anche da ginnastica, senza calzini in vista. Dimenticatevi poi quegli zaini enormi e pesantissimi, che vi faranno solo sudare e affaticare. È sufficiente portare con sé una borsetta a tracolla che contenga documenti, portafoglio, cellulare e salviette umidificate.

BB CREAM NATURALE

75 G DI GEL D'ALOE • 5 G DI LECITINA DI SOIA IN PERLE • 10 G DI OLIO DI COCCO • 10 G DI PIGMENTO MINERALE IN POLVERE (IN PROFUMERIA) • 30 GOCCE DI OLIO ESSENZIALE DI ROSA

• Dopo aver bucato le perle con un ago, versate in un contenitore la lecitina di soia in esse contenuta: è un emulsionante naturale che serve a rendere la pelle setosa nutrendola e idratandola.
• Unite l'olio di cocco e il gel d'aloe e mescolate bene usando un frullatore a immersione per 30 secondi circa, finché il composto non diventa bianco e denso.
• Aggiungete l'olio essenziale di rosa e mescolate con un cucchiaio: quest'olio non solo possiede proprietà antietà, ma è davvero profumatissimo!
• Infine unite il pigmento in polvere mescolando un minuto per amalgamare bene. Dovreste ottenere un composto facilmente assorbibile, ma non troppo, quindi non eccessivamente liquido né denso.
• Trasferite la BB cream in un tubetto per cosmetici vuoto, lavato e asciugato con cura, aiutandovi con un piccolo imbuto.
• Applicatela in piccole dosi sul viso prima di truccarvi, massaggiando e sfumando bene.
• A questo punto potreste anche fare a meno del fondotinta: la BB cream, applicata sul viso, aiuta a coprire le imperfezioni della pelle e allo stesso tempo a idratarla. Altrimenti applicate il fondotinta e procedete con il make up.

IN MONTAGNA

Finalmente si parte per la settimana bianca! Nel preparare valigia e trousse ricordate che dovrete proteggervi dal sole e coprire le imperfezioni della pelle causate dai raggi UV; avere tutto l'occorrente per sfoggiare un look caldo e alla moda ed essere in grado di curare labbra e mani screpolate dal freddo e dal vento.

MAKE UP

TRUCCO COPRI LENTIGGINI, EFELIDI E MACCHIE DELLA PELLE

CORRETTORE AD ALTA COPRENZA LEGGERMENTE ARANCIATO • FONDOTINTA AD ALTA COPRENZA • SPUGNETTA • OMBRETTO BIANCO PERLATO • CIPRIA TRASPARENTE • MASCARA NERO • GLOSS DORATO • FARD COLOR PESCA • PENNELLO GRANDE • PENNELLINO PIATTO • PENNELLINO TONDO

1. Con un pennellino piatto applicate il correttore sulle lentiggini o sulle macchie più evidenti, poi mettete il fondotinta su tutto il viso tamponando con la spugnetta.
2. Applicate con il pennellone un velo di cipria per fissare fondotinta e correttore e per opacizzare.
3. Stendete l'ombretto perlato sulla palpebra mobile con il pennellino tondo, sfumando leggermente oltre la piega sopraccigliare.
4. Applicate abbondante mascara sia sulle ciglia superiori sia su quelle inferiori.
5. Mettete sulle labbra il gloss, eventualmente aiutandovi con un pennellino piatto.
6. Con il pennello grande stendete sugli zigomi il fard.

1
2
3
4
5
6

ALICE VENTURI: TRUCCO E PROTEZIONE SOLARE

Lentigini ed efelidi sono molto carine e quindi è un peccato nasconderle, ma di tanto in tanto si possono coprire con il trucco, che per persone dalla carnagione così eterea è sempre meglio che sia molto chiaro e naturale. In ogni caso, per chi ha le lentiggini, è predisposto alle macchie solari o, semplicemente, ha la pelle chiara è consigliabile usare come base per il make up, anche in inverno, una crema a fattore di protezione solare (SPF) da applicare sul viso prima del fondotinta e del correttore.

3 LOOK DA NEVE

- **Look casual con piumino:** è un outfit da giorno, ma adatto anche a una cena informale. Indossate un paio di jeans, una camicia a quadri scozzesi sui toni caldi e un maglione o un gilet di maglia. Completate con piumino e ai piedi qualcosa che sia allo stesso tempo caldo e comodo, per esempio calzettoni e stivaletti bikers.
- **Look bon ton con cappotto:** indossate sotto il cappotto una gonna di lana dal taglio classico portata a vita alta, una camicia in maglia a manica lunga e un maglione tricottato. Completate il look con una calza spessa e uno stivaletto con tacco gommato e, magari, risvolto in pelliccia: slancia la figura e tiene i piedi al caldo. Se avete un cappotto rosso e la gonna tartan, è un look perfetto per il giorno di Natale!
- **Look chic con cappa:** è allo stesso tempo sofisticato e divertente, perfetto per una passeggiata nel corso principale del paese o per un aperitivo in un locale alla moda. Sotto la cappa, un pantaloncino corto con calza super coprente, camicia e cardigan rendono l'abbinamento semplice, grintoso ed elegante. Anche in questo caso uno stivaletto con tacco completa il look in maniera perfetta.

BURROCACAO E CREMA PER MANI

BEAUTY 5

BURROCACAO

6 G DI CERA D'API • 9 G DI BURRO DI CACAO • 15 G DI OLIO COCCO O DI RICINO • 1 CIALDINA VUOTA

• In un contenitore di vetro sciogliete insieme a bagnomaria la cera d'api e il burro di cacao: ci vorranno 1 o 2 minuti.

• Quando si sono perfettamente fusi, tenendo il contenitore sempre in caldo, aggiungete l'olio di cocco (o di ricino, se volete ottenere un effetto lucido come quello di un gloss) e mescolate bene.

• Tenete in frigorifero per mezz'ora in modo che il prodotto si solidifichi. Il burrocacao si conserva fino a 5 mesi a temperatura ambiente.

CREMA

52 G DI OLIO DI MANDORLE DOLCI • 20 G DI BURRO DI CACAO • 20 G DI INFUSO DI CAMOMILLA • 8 G DI CERA D'API • 30 GOCCE DI OLIO ESSENZIALE DI LAVANDA (O QUELLO CHE PREFERITE)

• In un contenitore di vetro fate sciogliere a bagnomaria per 5 minuti il burro di cacao e la cera d'api.

• Lasciando il contenitore sul fuoco, aggiungete l'olio di mandorle dolci – idratante, elasticizzante e antietà – e l'infuso di camomilla preparato in precedenza, utile per placare i rossori dovuti al freddo e agli sbalzi di temperatura.

• Trasferite il contenitore di vetro all'interno di una ciotola piena di ghiaccio per far solidificare più velocemente il composto. Mentre si raffredda, frullate con un frullatore a immersione: quando la crema diventa bianca e densa significa che è pronta.

• Aggiungete l'olio essenziale, che serve a profumare la crema, e mescolate per qualche secondo. Quindi trasferite la crema in un contenitore richiudibile, lavato e asciugato: si conserva fino a 3 mesi a temperatura ambiente.

• La crema va applicata sulle mani screpolate e soggette a rossori causati dal freddo. In inverno, dunque, è sempre consigliabile spalmarsela prima di uscire di casa.

CATERINA

ACCONCIATURA DA SERA

In montagna non potete rinunciare a una cena nel ristorantino tipico. Per l'occasione sfoggiate una pettinatura semplice ma di effetto: indossate un cerchietto elasticizzato e decorato, come se fosse una coroncina, quindi arrotolate i capelli sulla parte posteriore della testa infilando le punte delle ciocche nel cerchietto. Fissate con delle forcine.

HAPPY HOUR

Ormai diventato un appuntamento quasi irrinunciabile, l'aperitivo con amici e parenti è un'occasione sempre molto piacevole per chiacchierare e mangiare in compagnia senza doversi sedere a tavola o spendere un patrimonio al ristorante. Ma dato che probabilmente starete tutto il tempo in piedi, magari in un locale carino e alla moda, fate molta attenzione al vostro look: nessuno potrà fare a meno di notare cosa indossate o quale acconciatura avete scelto!

3 LOOK DA APERITIVO

- **Look streetwear:** è un outfit giovane adatto a persone dal carattere estroverso e grintoso, basato su un mix and match di fantasie diverse e apparentemente contrastanti. Abbinate una giacca mimetica a una maglia a righe, anche fluo, e a jeans dal taglio maschile e oversize, con risvolto finale. Il tocco grintoso e femminile viene dato da un sandalo con super tacco e da una borsa oversize in pelle morbida.
- **Look raffinato:** abbinate una camicia bianca molto semplice, leggermente aperta e portata senza collana, a dei jeans stretti ed elasticizzati di un colore acceso, per esempio rosso, e scarpe con tacco alto che regalano all'outfit un pizzico di grinta. Una piccola tracolla in pelle vintage e, se la stagione lo richiede, un cappotto di colore neutro, essenziale e dalle linee semplici, completano alla perfezione questo look.
- **Look grintoso:** è un buon mix tra aggressività e sobrietà. Gli elementi rock, costituiti da un chiodo superslim con piccole borchie, una maxi borsa morbida in pelle nera e scarpe tronchetto ai piedi, vengono infatti ingentiliti da un paio di short chiari con cintura in pelle sottile, in abbinamento a una camicetta dello stesso colore, entrambi più bon ton. Un bracciale e una lunga catenina color oro danno il tocco finale.

TRUCCO SUI TONI DEL VERDE

CORRETTORE • FONDOTINTA • CIPRIA TRASPARENTE IN POLVERE • MATITA PER OCCHI NERA • OMBRETTO VERDE CHIARO BRILLANTE • OMBRETTO VERDE SCURO BRILLANTE • PENNELLO TONDO • EYELINER VERDE BRILLANTE • MASCARA NERO • MATITA PER LABBRA NEUTRA • ROSSETTO LIQUIDO ROSA • FARD COLOR TERRA

1. Dopo aver steso correttore, fondotinta e cipria (vedi p. 14), applicate la matita nera sulla metà esterna del contorno superiore dell'occhio, inspessendola un poco vicino all'angolo.
2. Sfumate leggermente la matita con un pennello per creare la base per l'ombretto.
3. Applicate l'ombretto verde chiaro sulla palpebra mobile, coprendo anche la parte sfumata con la matita. Sfumate con l'ombretto verde scuro lungo la piega palpebrale e sull'angolo esterno dell'occhio, dove avevate sfumato la matita.
4. Disegnate una linea sottilissima di eyeliner lungo il contorno superiore dell'occhio, poi mettete abbondante mascara solo sulle ciglia superiori per slanciare la forma dell'occhio.
5. Applicate con cura sulle labbra il rossetto liquido rosa per dare volume dopo aver definito i contorni con la matita neutra.
6. Stendete il fard sugli zigomi.

1
2
3
4
5
6

ACCONCIATURA CON TRECCE

1 ELASTICO • MOLLETTE • LACCA • PETTINE • FORCINE

1. Usando il pettine create una riga centrale a partire dalla fronte fino al centro della testa e, da quel punto, scendete da entrambi i lati verso le orecchie: otterrete 2 sezioni laterali sulla parte anteriore della testa, che dovrete fermare provvisoriamente con delle mollette, e una sezione posteriore libera sulla nuca.
2. Con i capelli rimasti liberi realizzate una treccia a spiga: divideteli in 2 code, prendete una piccola ciocca esterna della coda destra e portatela al centro, poi prendete una piccola ciocca esterna della coda sinistra e portate anch'essa al centro.
3. Proseguite così fino a terminare la treccia, quindi legatela con un elastico e allentatela leggermente, tirando con delicatezza le ciocche verso l'esterno. Fissatela con un velo di lacca.
4. Prendete la sezione laterale sinistra, togliete la molletta, dividetela in 2 ciocche uguali lasciando liberi solo i ciuffi che incorniciano il viso e incrociatele in modo che la ciocca che si trovava a sinistra sia sopra. Torcete leggermente su se stessa in senso antiorario la ciocca che si trova sopra, poi fatela passare sotto all'altra ciocca in senso orario e ripetete l'operazione fino a completare il torciglione.
5. Ripetete l'operazione con la sezione laterale destra a specchio, cioè invertendo le direzioni: la ciocca destra va sopra, poi viene ruotata in senso orario e attorcigliata sull'altra in senso antiorario.
6. Portate i 2 torciglioni dietro la testa, inseriteli alla base della treccia a spiga e fissateli con delle forcine.

1
2
3
4
5
6

NICO PAPAVERO: TRECCE PER TUTTI I GUSTI

Treccia a torciglione e treccia a spiga sono 2 ottime basi con cui costruire diverse acconciature.
Quella a spiga viene chiamata così perché è formata da 2 sezioni anziché da 3. Le ciocche che si prelevano dalle code si possono prendere dall'esterno per poi essere portate al centro, come in questo caso, ottenendo un effetto discendente e più bombato, oppure prelevate dall'interno e portate all'esterno dell'altra coda per un effetto ascendente e più schiacciato.
Inoltre si può scegliere di farla stretta o larga (allentandola, ma solo se non avete i capelli scalati, altrimenti rischiate di disfarla!): in ogni caso è bellissima, anche da sola.

CATERINA

UN MONDO DI POIS

Puntare su un abito o addirittura su un intero look in tinta unita significa andare sul sicuro, soprattutto se il colore che scegliete è il bianco o il nero. E per dare a un outfit così semplice un tocco fashion, basta optare per un capo o un accessorio a pois, quest'anno di gran moda. Ma fate attenzione a scegliere quelli più adatti al vostro fisico e all'occasione! Come mi ha insegnato Paolo Lungo, i pois macro sono perfetti per il giorno, quelli piccoli invece sono l'ideale per la sera. Se siete curvy preferite però sempre pois di dimensioni ridotte, mentre se avete un fisico asciutto optate per quelli grandi, che ammorbidiscono la figura.

MATRIMONIO

Che siate le testimoni di uno degli sposi o semplicemente un'invitata, sapete bene che il matrimonio è una di quelle occasioni in cui non si può trascurare davvero nulla del proprio aspetto. È anche vero, però, che non tutte hanno la possibilità di acquistare un abito raffinato nella boutique più alla moda o il tempo per andare dal parrucchiere per farsi fare un'acconciatura elegante. Senza dimenticare l'incubo-ossessione di ogni donna: trovare l'abbinamento scarpe-vestito perfetto. Tranquille, qui scoprirete tutte le soluzioni per essere impeccabili con qualsiasi budget abbiate a disposizione!

HAIR STYLING

ACCONCIATURA CON NODI

PETTINE (O SPAZZOLA) • FORCINE

1. A eccezione delle ciocche che incorniciano il viso, prendete i capelli che si trovano intorno alla fronte e sulla parte alta della testa e cotonateli a ciuffi: teneteli su e spazzolateli ripetutamente con il pettine (o con la spazzola se avete capelli spessi) in senso contrario a quello usuale, quindi dall'alto verso il basso.
2. Raccogliete i capelli cotonati dietro la testa, torcete leggermente la coda e fissatela al centro con alcune forcine.
3. Prendete 2 ciocche ai lati della testa, sotto i capelli cotonati, e annodatele tra loro, proprio come si fa con i lacci delle scarpe, 2 o 3 volte (dipende dalla lunghezza dei capelli). Avvolgete leggermente su se stessa la parte di codina annodata e fissatela con altre forcine al centro della testa.

4 Ripetete l'operazione fino a esaurire i capelli, legando le ciocche sempre sopra la codina precedente e nascondendo l'ultima all'interno dell'acconciatura.

ABITO DA CERIMONIA

TESSUTO IN LYCRA BIELASTICO A FANTASIA, GRANDE CIRCA 150X150 CM • STRISCIA DI STOFFA IN TINTA UNITA DI CIRCA 20X150 CM • STOLA IN TINTA

1. Appoggiate la stola di tessuto bielastico sulla schiena, a metà lunghezza, fate passare le estremità sotto le braccia, incrociatela davanti sopra il petto e annodatele sulla schiena.
2. Scostate la stoffa davanti, prendete il lembo che si trova al di sotto, fategli fare un giro attorno al ginocchio e annodate sul lato interno della gamba.
3. Avvolgete 2 volte la striscia di stoffa rettangolare sotto il seno e annodatela sulla schiena. Quindi arricciate la gonna tirandola delicatamente il tessuto in direzione opposta e "sblusate" la parte alta dell'abito facendola insaccare un po' sopra la cintura di stoffa.
4. Completate il look con dei sandali con tacco, una stola da portare sulle spalle e una pochette abbinata ai colori dell'abito e delle scarpe.

1
2
3
4

CATERINA

I MIEI LOOK DA MATRIMONIO

Questi sono 2 look che ho sfoggiato in occasione di matrimoni importanti. Per uno ho indossato un abito a fiori molto simile a quello realizzato da Fabrizio Crispino ma lungo fino ai piedi, con un copricapo comprato a un mercatino e un paio di espadrillas con zeppe; per l'altro invece ho scelto un vestito più corto con cappottino abbinato, a strisce e dalla linea essenziale, a cui ho dato un tocco originalissimo appuntando in testa una decorazione in tulle rosa. In queste occasioni ricordate sempre le regole del galateo: il cappello si può usare solo per cerimonie al mattino e mai se non lo indossa la madre della sposa. Nel caso, potete optare per fascinator *o cerchietto.*

SCARPE

REGOLE GENERALI

• **Controllate i materiali e la qualità:** scegliere scarpe in buon pellame, cuoio, o tessuto è molto importante e indispensabile se indossate modelli sicuramente più belli che comodi.

• **Scegliete un modello che valorizzi il vostro fisico e le vostre gambe:** se avete gambe robuste e non molto lunghe optate sempre per un po' di tacco, evitate assolutamente scarpe con cinturini alla caviglia e in estate cercate di scoprire il più possibile il piede. Se avete caviglie sottili e gambe lunghe e magre potete invece osare con scarpe con cinturini, colori brillanti e modelli appariscenti. Per le gambe magre in generale sono perfette anche le zeppe. Se infine avete piedi grandi scegliete scarpe minimali e preferibilmente senza tacco, materiali opachi e colori naturali.

• **Acquistate le scarpe in base al guardaroba e all'occasione d'uso:** valutate sempre attentamente il colore e il grado di eleganza delle scarpe e ricordate di scegliere una taglia comoda: per trovare quella giusta provate le scarpe di pomeriggio, quando le caviglie e i piedi sono più gonfi!

• **Adeguate le scarpe al momento della giornata:** innanzitutto dosate l'altezza dei tacchi, che deve aumentare con l'avanzare del giorno. Durante le ore diurne quindi evitate tacchi che superino i 7 cm, soprattutto in ufficio, e preferite scarpe a pianta larga con punta tonda o squadrata e... aspettate la sera per scatenarvi! Con il passare delle ora infatti il tacco cresce e il plateau si fa strada, così come i colori e le decorazioni. Però indossate modelli vertiginosi a una sola condizione: che sappiate camminarci, altrimenti rischiate di fare figuracce.

MODELLI

- **Scarpe sportive:** poiché è indispensabile che siano comode, sceglietele sempre di un buon materiale che permetta al piede di respirare. Evitate, tranne che per la palestra o per il jogging, i modelli più sportivi, spesso molto colorati e quindi anche difficili da abbinare.
- **Sneakers:** sono un modello adatto alle ragazze giovani e per la scuola o l'università. Non vanno invece mai indossate in ufficio né con la gonna: tutte le scarpe senza tacco che arrivano alla caviglia, portate con la gonna fanno sembrare le gambe più corte! Stanno molto bene con i jeans e con i leggings.
- **Ballerine:** sono l'ideale per chi non ama i tacchi e vuole essere comoda senza rinunciare a un'immagine chic e bon ton. Perfette, oltre che con i pantaloni, anche con un abitino, sono un po' un passe-par-tout. Ricordate però che donano maggiormente ai fisici sottili e longilinei.
- **Francesine:** sono scarpe molto comode in quanto la loro struttura dona grande stabilità al piede. Sono anche davvero versatili, ma piuttosto casual: meglio evitarle se l'occasione è formale. Per quanto riguarda l'abbinamento, con i pantaloni andate sul sicuro, mentre gonne e abiti sono da escludere a meno che non abbiate caviglie e gambe sottili.
- **Tronchetti:** i più versatili sono quelli che arrivano sotto il malleolo perché, lasciando scoperta la caviglia, danno maggior respiro alla gamba. Anche in questo caso l'abbinamento migliore è con i pantaloni, ma potete azzardare una gonna purché il tacco sia molto alto e non abbiate gambe e caviglie importanti. Nel caso, aiutatevi sempre indossando con i tronchetti collant scuri molto pesanti.
- **Stivali:** più di ogni altra calzatura gli stivali vanno scelti attentamente in base all'abbigliamento e alla struttura fisica. Le donne a clessidra possono permettersi un po' tuti i modelli, quelle a mela, avendo gambe piuttosto snelle dovrebbero optare per stivali morbidi e larghi per bilanciare la figura, infine quelle a pera, ovvero coloro che hanno un baci-

no generoso, devono assolutamente scegliere gli stivali al ginocchio per equilibrare la proporzione tra spalle e bacino. Gli stivali che arrivano a metà coscia sono molto difficili da indossare e comunque una prerogativa di chi è particolarmente alta. Qualsiasi modello scegliate, ricordate però che gli stivali sono banditi dalle occasioni formali.

- **Décolleté:** con o senza plateau, sono un modello intramontabile che allunga le gambe ed è indicato per moltissime occasioni, dalle più formali a quelle raffinate. Per questo ogni donna dovrebbe possederne almeno un paio, di colore neutro e tacco di circa 10 cm: sono abbinabili con semplicità e adatte praticamente a tutte le corporature. Le décolleté sono indicate in ogni stagione, ma in estate è meglio preferire le *peep toe*, ovvero quelle aperte sulla punta, facendo molta attenzione alla pedicure e alla scelta dello smalto.
- **Sandali:** sono il modello estivo per eccellenza. Quelli con cinturini e i gladiator sono l'ideale per chi ha caviglie strette perché le valorizzano, ma sono consigliati per gambe non molto lunghe né snelle: in questi casi meglio preferire modelli minimal che scoprano il più possibile il piede, con qualche centimetro di tacco per slanciare la figura.
- **Zeppe:** ne esistono tantissimi modelli – originali, colorate, divertenti o più formali – adatti a diverse occasioni. Sono l'ideale per le donne che vogliono slanciare la figura ma non sono abituate a camminare sui tacchi e per chi ha gambe e caviglie sottili, in quanto contribuiscono a dare a esse un po' più di forma. Preferitele se avete piedi piccoli, perché tendono a concentrare l'attenzione.
- **Infradito:** scelte per la loro comodità, si adattano a ogni tipo di gamba o piede. Le più note, da utilizzare solo in occasioni molto casual, sono quelle in plastica, assolutamente vietate la sera e in ufficio e consigliate solo per la spiaggia. Ma ne esistono davvero tantissimi modelli! Per le calde serate estive preferite quelle con brillantini e pietre alle più classiche in pelle o lacci, perfette invece per il giorno.

La sera, per tutti, è sinonimo di ristoranti, pizzerie, pub, cinema e teatri. Queste sono infatti le ore del giorno in cui si lasciano le mura domestiche per uscire a cena in compagnia, festeggiare con gli amici, guardare l'ultimo film uscito nelle sale o assistere a un concerto. Per questo motivo i look da sera sono, e devono essere, più curati e raffinati di quelli da giorno e anche, decisamente, più appariscenti. D'obbligo (o quasi) sono quindi i tacchi alti, make up più sensuali e scollature o abiti molto femminili ed eleganti. Ma come sempre l'outfit dipende dall'occasione: il lungo è d'obbligo per una serata di gala, ma per andare al cinema, se proprio non potete farne a meno, potete anche indossare un paio di ballerine!

SERA

AL CINEMA

Per andare a vedere un film non serve certo essere eleganti, ma trattandosi comunque di un'uscita serale approfittatene per farvi carine e per sfoggiare qualcosa di luccicante, per esempio un paio di scarpe argentate! Per quanto riguarda il resto, basta puntare su un look allegro, fresco e colorato, ripreso anche da trucco e nail art.

BALLERINE ORO E ARGENTO

1 PAIO DI VECCHIE BALLERINE • FOGLI METALLICI SIMIL-ORO O SIMIL-ARGENTO • COLLA SPECIALE CHIAMATA "MISSIONE" • PENNELLO PIATTO MEDIO E GRANDE • 1 PAIO DI COLLANT VECCHI • TAGLIERINO

• Prendete le ballerine, pulitele e asciugatele, poi con il pennello piatto medio stendete un velo di colla "missione" su tutta la superficie della scarpa (oppure disegnate con la colla e il pennello i motivi che più vi piacciono). Attendete 30-40 minuti.

• Fate aderire i fogli metallici alle scarpe, in modo da coprire tutta la superficie, recuperando anche i piccoli pezzi e le parti in abbondanza.

• Passate su tutta la superficie un pennello piatto grande pulito e asciutto: il materiale in eccesso si staccherà!

• Lucidate la superficie strofinandola con i collant appallottolati ed eliminate gli ultimi residui di materiale in eccesso con il taglierino.

CATERINA

ACCESSORI METALLIZZATI

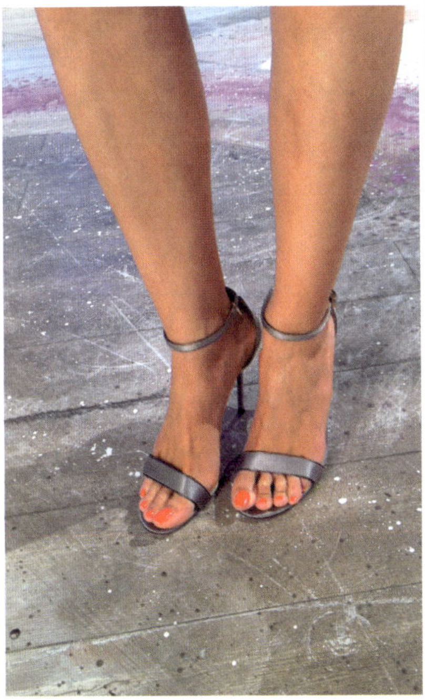

Io amo le mie scarpe argentate! Perciò l'idea di impreziosire con oro o argento un paio di vecchie ballerine mi è piaciuta moltissimo. Basta, infatti, mettere a confronto il prima e il dopo del tutorial realizzato in trasmissione con Donnarita Macchiavelli, per rendersi conto di quanto un vecchio paio di scarpe, magari irrimediabilmente rovinato o semplicemente di un colore ormai fuori moda, grazie a una nuova veste metallizzata, possa cambiare totalmente e diventare attuale.
E pensate che con questa tecnica potete dare nuova vita non solo alle ballerine, ma a ogni accessorio in pelle ed ecopelle, quindi anche a borse e cinture!

NAIL ART DA PRIMA PAGINA

PAGINA DI GIORNALE • SMALTO COLORATO • ACQUA OSSIGENATA O ALCOL • PINZETTE • PIATTINO • CIOTOLINA • SPUGNETTA PER PIATTI • SMALTO TRASPARENTE • COTONE • PENNA CORRETTRICE O COTTON FIOC E ACETONE

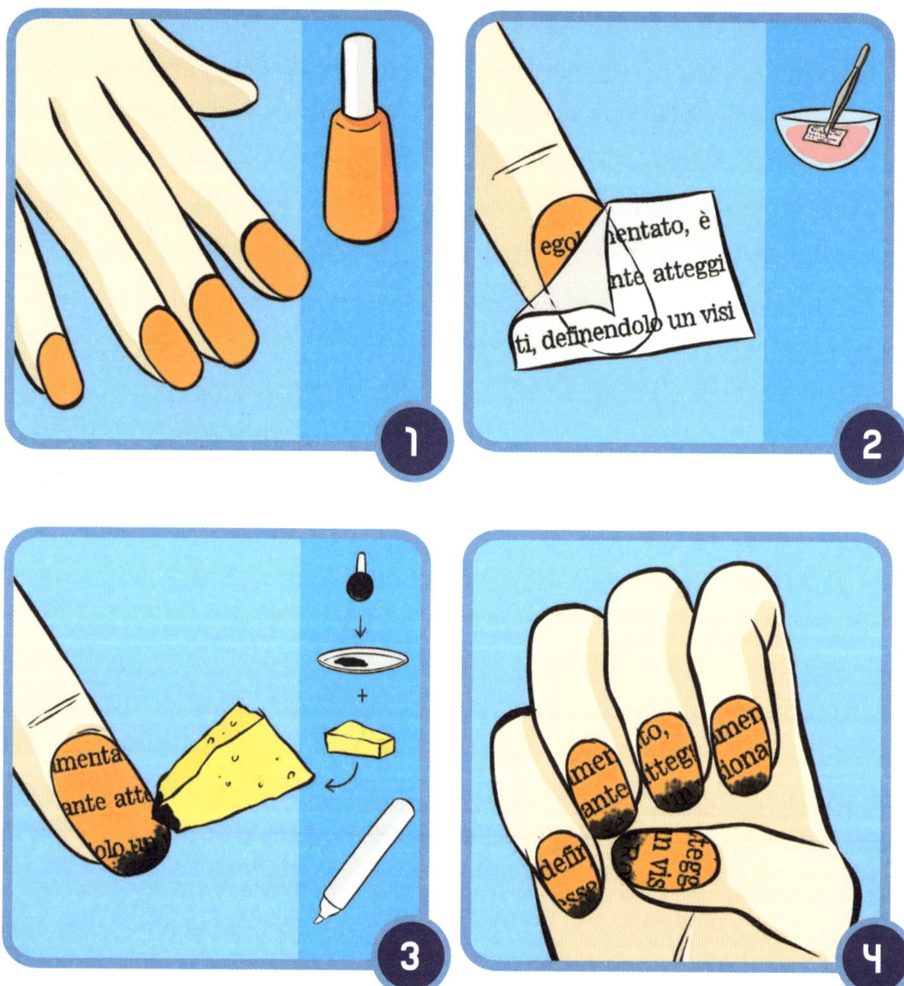

1. Mettete lo smalto sulle unghie e attendete che si sia asciugato del tutto.
2. Tagliate delle striscioline di carta di giornale, immergetene una per 20 secondi in una ciotolina riempita con acqua ossigenata o alcol e appoggiatela sulla prima unghia, facendola aderire bene. Aspettate ancora 20 secondi, facendo attenzione che la carta non si sposti, poi rimuovetela delicatamente. Eliminate i pezzi di carta rimasti attaccati con un batuffolo di cotone imbevuto di normale acqua.
3. Per creare l'effetto carta bruciata, prendete un po' di smalto nero, intingeteci l'angolo della spugnetta e tamponate la parte finale dell'unghia, sfumando. Correggete le sbavature.
4. Fate asciugare bene, coprite con lo smalto trasparente e ripetete l'operazione su tutte le unghie.

MARTINA SOLINAS: CONSIGLI PER UNGHIE PERFETTE

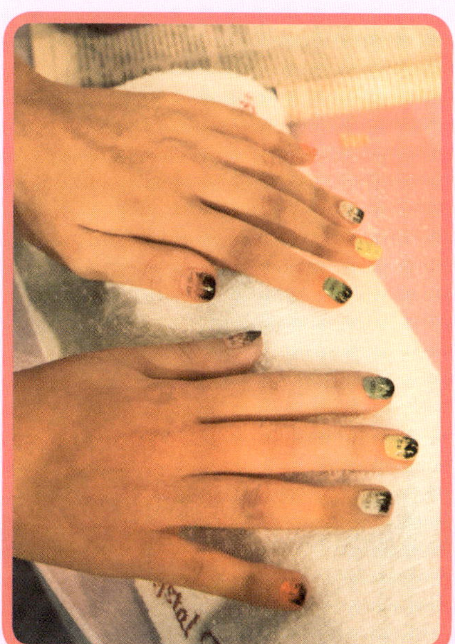

Questa tecnica, simile a quella del decoupage, si presta a molte varianti: provate per esempio a riportare le scritte di giornale, invece che sull'intera unghia, solo sulla lunetta della french, oppure a dipingere ogni unghia con uno smalto di colore diverso.

Per un risultato perfetto usate carta bianca lucida con scritte nere e smalti dalle tinte pastello.

TRUCCO IN ROSA

MATITA PER OCCHI GRIGIA • OMBRETTO ROSA CHIARO BRILLANTE • OMBRETTO FUCSIA BRILLANTE • PENNELLO TONDO • MASCARA NERO • MATITA PER OCCHI NERA • EYELINER VIOLA • MATITA PER LABBRA NEUTRA • ROSSETTO ROSA • FARD ROSATO

1. Applicate la matita grigia sulla metà esterna del contorno superiore dell'occhio, debordando e inspessendo molto la linea vicino all'angolo. Applicate lungo la metà esterna della linea delle ciglia inferiori la stessa matita e unite le 2 linee all'angolo esterno dell'occhio.
2. Sfumate la matita con un pennello, stendendo il colore leggermente anche lungo la piega palpebrale.
3. Applicate l'ombretto rosa sulla palpebra mobile, coprendo anche la parte sfumata con la matita e debordando leggermente agli angoli esterni dell'occhio e sopra la palpebra mobile superiore, fino a toccare l'arcata sopraccigliare sfumando. Applicatene un velo anche sulla palpebra inferiore, poi sfumate con l'ombretto fucsia lungo la piega palpebrale e sull'angolo esterno dell'occhio, dove avevate sfumato la matita.
4. Disegnate una linea sottilissima di eyeliner lungo il contorno superiore dell'occhio, applicate la matita nera all'interno, poi mettete il mascara sia sulle ciglia superiori sia su quelle inferiori.
5. Tracciate il contorno delle labbra con la matita, sfumando anche all'interno, poi mettete il rossetto rosa.
6. Sfumate il fard rosato sugli zigomi.

1
2
3
4
5
6

IN PIZZERIA

Dopo una lunga settimana di lavoro non c'è niente di meglio di una bella pizzata con famiglia o amici! E dato che in ufficio avete indossato giacca e pantaloni, o in casa avete sgobbato in tuta, potete finalmente mettervi in ghingheri e osare con accessori divertenti. Vi consiglio un look semplice: qualche gioiello fai da te, french manicure e... gonna!

FAI DA TE

GIOIELLI DI FELTRINI

COLLANA

FELTRINI ADESIVI ROTONDI, GRANDI E PICCOLI, DI 2 COLORI A CONTRASTO • 2,40 M DI FETTUCCIA FINE DI RASO NERO O BIANCO • NASTRO ADESIVO • FORBICI • STRASS ADESIVI

• Tagliate a metà la fettuccia e stendete orizzontalmente i 2 pezzi sul piano di lavoro, in modo che siano paralleli e distanti circa 1 cm. Fissate le estremità dei nastrini al piano con un pezzetto di nastro adesivo.

• Misurate circa 20 cm dall'inizio dei nastri e applicate il primo feltrino rotondo grande posizionandolo in modo che aderisca a entrambi i nastrini. Incollate così metà dei feltrini grandi a distanze uguali e fermatevi a circa 20 cm dalla fine dei nastrini. Incollate sopra ogni feltrino il feltrino più piccolo di colore a contrasto.

• Staccate il nastro adesivo, rigirate le fettucce, fissatele nuovamente e attaccate sopra tutti i feltrini grandi un altro feltrino uguale, in modo che i nastrini rimangano incollati tra i 2. Anche sopra a questi feltrini grandi attaccate il feltrino più piccolo a contrasto.

• Incollate al centro dei feltrini piccoli uno o più strass.

• Staccate il nastro adesivo e annodate tra loro i 4 capi dei nastrini.

ANELLO

BASE METALLICA PER ANELLO • 2 FELTRINI NERI QUADRATI • 3 FELTRINI BIANCHI QUADRATI • STRASS ADESIVI • COLLA A CALDO O COLLA UNIVERSALE

• Con la colla incollate uno sull'altro i feltrini neri sovrapponendoli perfettamente, poi attaccate sopra i feltrini bianchi, sfalsati ciascuno di 45 gradi rispetto al precedente, in modo da creare una sorta di stella.

• Se volete, impreziosite il feltrino bianco superiore con alcuni strass adesivi.

• Incollate la decorazione in feltrini sulla base metallica con la colla.

DONNARITA: MILLE BIJOUX CON I FELTRINI

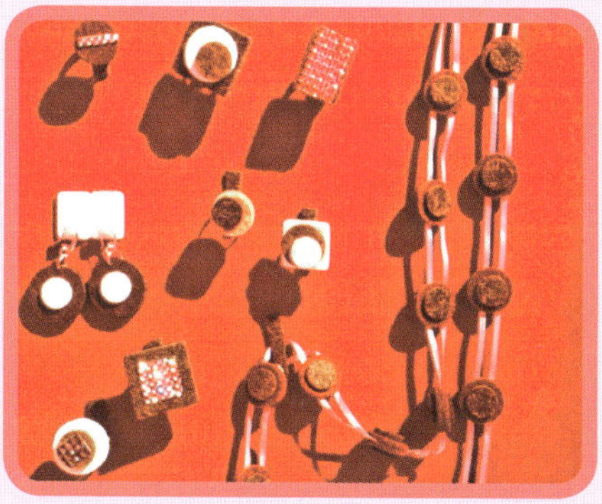

Quelli offerti nel tutorial sono solo degli spunti, perché con i feltrini le possibilità creative sono davvero infinite! Quindi date sfogo alla vostra creatività e potrete realizzare facilmente non solo collane e anelli di tutti i generi, ma anche orecchini, spille e ogni tipo di bijoux che la vostra immaginazione riesce a concepire.

NAIL ART

FRENCH MANICURE

SMALTO TRASPARENTE • SMALTO BIANCO E/O COLORATO • PENNA CORRETTRICE CON SOLVENTE • STRIPS PER FRENCH MANICURE O NASTRO DI CARTA ADESIVO • STUZZICADENTI • PENNELLINO SOTTILE

Classica a mano libera

1 Mettete la base trasparente. Prendete lo smalto bianco o del colore che più vi piace, fate scolare lo smalto in eccesso dal pennellino, posizionatelo a un lato dell'estremità dell'unghia e ruotate il dito, in modo da tracciare una linea fino a due terzi dell'unghia.

2 Intingete nuovamente il pennello nello smalto, fate scolare, posizionatelo all'altra estremità dell'unghia e ruotate il dito in direzione opposta: la linea bianca (o colorata) si congiungerà a quella tracciata prima creando la tipica lunetta bianca della french manicure. Ridefinite la linea con il pennello e con la penna correttrice con solvente o con un bastoncino di arancio e acetone.

Con scotch, obliqua e a pois

3 Mettete la base trasparente. Prendete un pezzetto di nastro adesivo, incollatelo sull'unghia in obliquo, fate aderire bene, quindi passate lo smalto sulla parte terminale.

4 Mettete una goccia di smalto a contrasto su un piattino, prendete uno stuzzicadenti e intingeteci la punta, quindi appoggiatela sulla parte bianca (o colorata) della french e ripetete l'operazione per creare tutti i pois che volete.

Con lunetta, a fiocchetti

5 Mettete la base trasparente. Staccate la strip dal suo cartoncino, posizionatela orizzontalmente sotto la parte bianca dell'un-

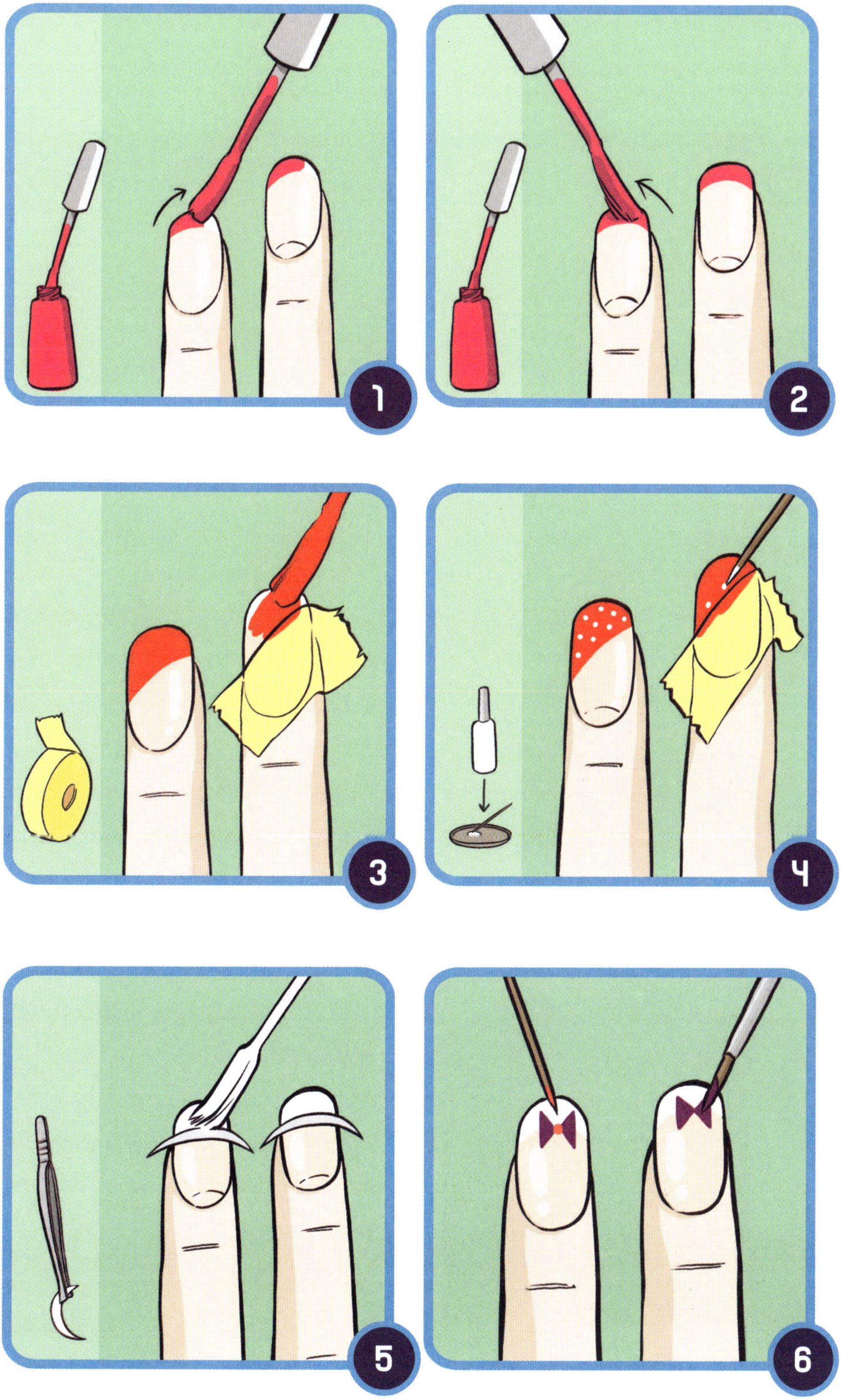
1
2
3
4
5
6

ghia e fatela aderire bene, quindi passate lo smalto bianco sulla parte terminale dell'unghia.

6 Staccate la lunetta, poi prendete uno smalto colorato e con il pennellino sottile disegnate appena sotto alla parte bianca 2 triangolini attaccati. Completate con un pallino centrale di un altro colore, realizzato con la punta di uno stuzzicadenti (vedi sopra).

CATERINA

PETTINATURA SBARAZZINA

Nella foto ho un'acconciatura molto divertente, perfetta per una serata informale con gli amici e facilissima da realizzare. Basta cotonare i capelli, dividerli in piccole ciocche, attorcigliarle su se stesse e fissarle alla testa con delle forcine in modo che la parte finale resti sollevata. Quindi infilate un cerchietto sottile: appiattendo i capelli davanti, i ciuffetti che sbucano da dietro risalteranno ancora di più dandovi un'aria giovane e sbarazzina!

GONNE

• **Gonna lunga:** se credete che solo le donne alte e magre possano permettersela, vi sbagliate di grosso! Le ragazze curvy o con un'altezza nella media possono indossarla senza problemi, anche perché un modello a vita alta e leggermente svasato aiuta a snellire e a slanciare la figura. Se siete formose evitate, però, quelle plissettate, perché creano volume facendovi sembrare anche di una taglia e mezzo in più, e sceglietele invece di stoffa liscia. Potete indossare questo tipo di gonna anche con scarpe basse e, nella stagione fredda, con un paio di stivali.

• **Gonna longuette:** per essere definita tale, deve arrivare sotto il ginocchio, poco sopra la metà del polpaccio. Quindi, anche se sembra la più semplice, è in realtà la più difficile da portare: la sua lunghezza è sì coprente, ma penalizza molto la gamba rischiando di farvi sembrare più "tozze" di quanto non siate. Per ovviare al problema, indossatela solo e sempre con un paio di tacchi alti e, se avete un polpaccio importante, usate collant molto coprenti!

• **Gonna voluminosa:** fanno parte di questa categoria le gonne con balze, a pieghe e a palloncino. Si tratta quindi di modelli abbastanza delicati per una ragazza curvy, ma da non escludere a priori: ricordate solo di evitare quelle a balze orizzontali se avete un fisico a pera! Piuttosto, se non volete rinunciare a un look un po' giocoso e ironico, optate per una gonna a pieghe o a righe verticali.

• **Minigonna:** non è affatto vero che sta bene solo alle fotomodelle! Si tratta di un modello di importanza storica a cui nessuno deve rinunciare: l'importante è solo sentirsi sicure di sé indossandola con disinvoltura!

PARTY E FESTE

Questi sono eventi perfetti per sbizzarrirsi, lasciando spazio al proprio lato un po' più frivolo! Quindi, che siate la festeggiata o semplicemente uno degli invitati, approfittatene per sfoggiare un look trendy e diverso dal solito, concedervi del tempo per acconciarvi i capelli in maniera originale e osare con un po' di colore sia negli accessori sia nel trucco. Infatti la regola in queste occasioni è: mai passare inosservate! Ma attenzione, questo non significa farsi notare per cattivo gusto...

3 LOOK DA PARTY

- **Look rock:** abbinate una giacca dal taglio semplice a un paio di pantaloni skinny, entrambi neri, e una t-shirt maxi bianca o grigia con stampe. Completate questo look aggressivo con un tronchetto e pochette neri e un nastrino di raso legato al collo con un bel fiocco, anch'esso nero. Outfit ideale per festeggiare in un locale alla moda.
- **Look retrò:** scegliete un vestito lungo fino al ginocchio e dai toni pastello, per esempio color rosa antico, con gonna ampia e stretto in vita. Abbinate un mini cardigan grigio, pochette argento e scarpe con tacchi alti, aperte dietro e senza punta se la stagione lo permette. Sarete perfette per un party chic e raffinato.
- **Look scintillante:** indossate una maxi canotta in paillettes, sui toni del bianco e dell'oro o argento, e abbinatela a una minigonna bianca o chiara, anche a palloncino, infilandola all'interno e sbordando un po' il tessuto. Da portare con maxi bracciali dorati, un tronchetto chiaro e una pochette in tinta unita neutra. È il look più adatto a una festa in discoteca.

CATERINA

IL MIO LOOK COLOR SHOT

Con l'espressione "color shot" si intende l'accostamento di colori insoliti.
Quindi, parlando di vestiti, ci si riferisce all'abbinamento di capi dai colori accesi e contrastanti e l'uso di accessori appariscenti. È uno stile giovane, perfetto per una festa, che a me piace tantissimo e con il quale ci si può davvero sbizzarrire!
Potete per esempio abbinare un vestitino blu elettrico a delle scarpe rosa shocking, oppure optare per un solo dettaglio fluo, come una pochette o un paio di scarpe, in un look scuro e monocromatico.

PAOLO LUNGO: I NO PER UNA FESTA

Con gli abiti da sera e in generale per occasioni importanti evitate sempre i reggiseni con le spalline in lattice: siccome da vicino sono comunque visibili, è meglio farne del tutto a meno. Sono anche assolutamente vietate le calze color carne. Se proprio volete indossare un abito corto e mettere in mostra le gambe, rinunciate ai collant e fatevi una lampada: anche se la festa è in inverno, il locale in cui si svolge sarà sicuramente riscaldato. Infine guai a indossare le ballerine, soprattutto se siete la festeggiata: ai party non bisogna nascondersi, ma svettare!

HAIR STYLING J

ACCONCIATURA ROMANTICA

2 ELASTICI • FORCINE • 1 CERCHIETTO

1. Dividete i capelli in 2 sezioni orizzontali uguali, una alta e una più bassa. Legatele entrambe in una coda centrale.
2. Allentate l'elastico della coda superiore, dividete i capelli che confluiscono nell'elastico al centro e fateci passare la coda stessa.
3. Ripetete la stessa operazione con la coda inferiore: dividete i capelli in 2 parti uguali e fate passare la coda al centro.
4. Fate passare la coda superiore nello spazio creatosi nella coda inferiore.
5. Dividete la coda superiore in 2 ciocche e reinseritele nell'apertura superiore fissandole con le forcine.
6. Portate la coda laterale sul fianco e, se volete, indossate un cerchietto.

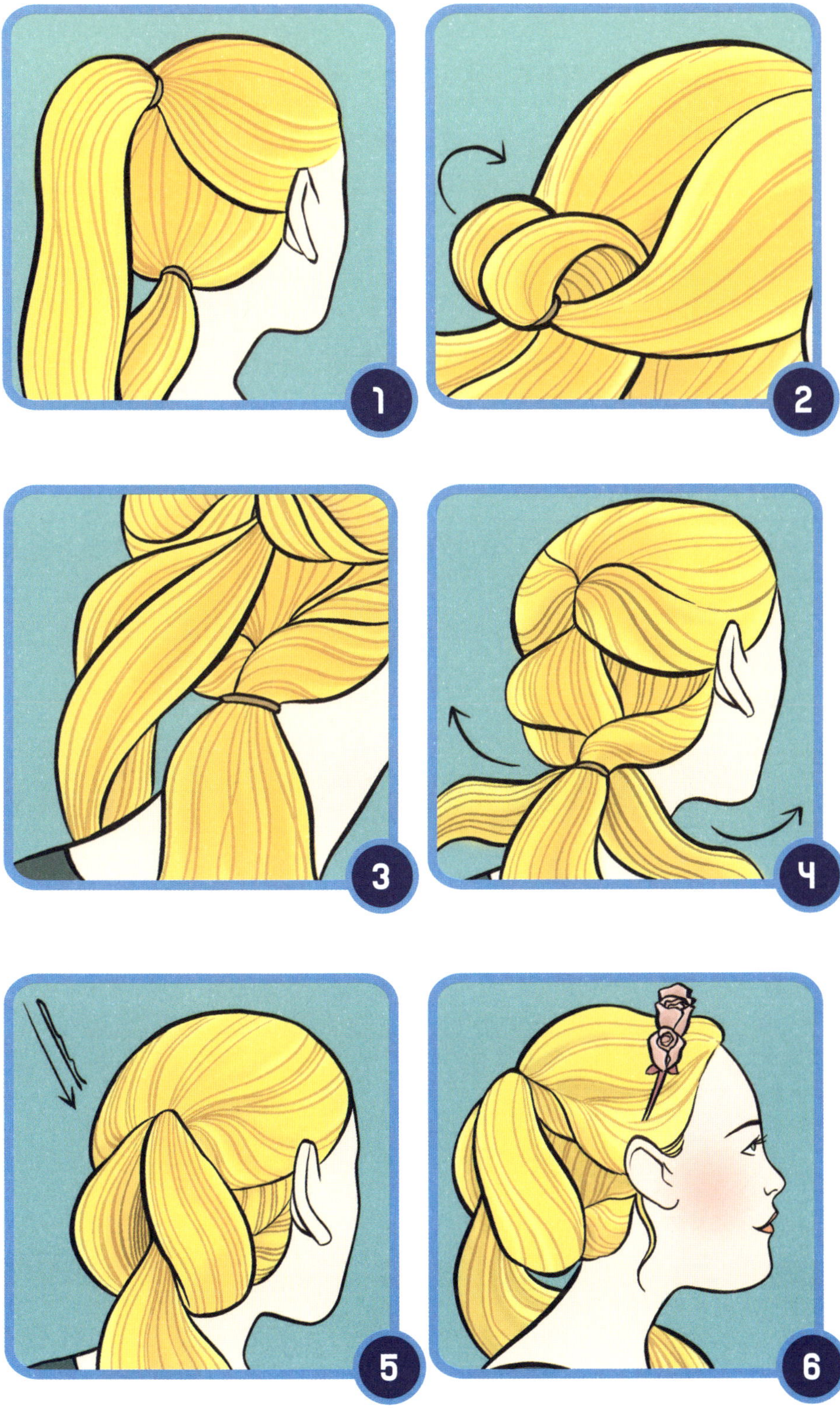
1
2
3
4
5
6

CONCERTO ROCK

Rock significa grinta ed energia, stile e appariscenza, perciò in queste occasioni bisogna mettere da parte la timidezza e osare! Quindi spazio allo scintillio, alle fantasie animalier e a pettinature esagerate.

Qui trovate più di un esempio da cui prendere spunto perché nei prossimi tutorial imparerete a realizzare un'acconciatura vistosa molto di tendenza a Londra, un make up luccicante e una nail art zebrata.

Con un look così, potreste essere voi a salire sul palco... perché sembrerete delle vere rock star!

ACCONCIATURA GLAM-ROCK

PETTINE • SPAZZOLA • MOLLETTE • LACCA • FORCINE

1. Separate i capelli sopra la testa e fissateli provvisoriamente con una molletta. Cotonate la chioma rimasta libera spazzolando in senso contrario e procedendo a ciocche, poi spruzzate un po' di lacca.
2. Raccogliete i capelli cotonati, attorcigliateli all'insù e con le forcine fissate il torchon alla testa. Se avete capelli molto lunghi, attorcigliate su se sesso il ciuffo rimasto in cima in modo da creare un piccolo chignon e fermatelo con alcune forcine.
3. Togliete la molletta che teneva fermi i capelli sopra alla testa e cotonateli tenendoli verticali, poi spruzzate abbondantemente con la lacca.

4 Portate indietro la cima del ciuffo e pettinatela leggermente, lasciando la parte sopra alla fronte bella gonfia.

TRUCCO SMOKEY SCINTILLANTE

MATITA PER OCCHI NERA • KAJAL NERO • PENNELLINO TONDO • OMBRETTO GRIGIO CON MICROCRISTALLI • MASCARA NERO ALLUNGANTE • MATITA PER LABBRA CILIEGIA • MATITONE PER LABBRA CILIEGIA (SOSTITUISCE IL ROSSETTO) • CIPRIA COMPATTA CHIARA • FARD • SPUGNA PER CIPRIA • PENNELLO PER FARD

1. Disegnate il contorno dell'occhio con la matita nera: tracciate la linea sulla palpebra superiore aumentando lo spessore della matita verso l'esterno e disegnando l'angolo dell'occhio più in alto rispetto all'angolo naturale: in questo modo l'occhio sembrerà allungato e leggermente sollevato; la linea sulla palpebra inferiore invece deve essere sottile. Congiungete le 2 linee sia all'angolo interno sia all'angolo esterno dell'occhio.
2. Sfumate la linea di matita superiore con il pennellino e applicate il kajal nero all'interno della congiuntiva.
3. Stendete su tutta la palpebra superiore l'ombretto con microcristalli: non coprirà il colore di base ma rifletterà la luce.
4. Applicate uno strato di mascara, fate asciugare, poi mettetene un altro per dare un effetto volumizzante.
5. Disegnate il contorno delle labbra con la matita, poi coloratele con il matitone.
6. Stendete un velo di cipria sulla parte alta degli zigomi per accentuare la luminosità e dare un effetto più evanescente al trucco; infine applicate il fard sulle guance.

1
2
3
4
5
6

NAIL ART ZEBRATA

1 SMALTO OPACO E 1 SMALTO PERLATO/METALLIZZATO DELLO STESSO COLORE • PITTURA ACRILICA NERA • PENNELLO SOTTILE • SMALTO TRASPARENTE (SE VOLETE GLITTERATO)

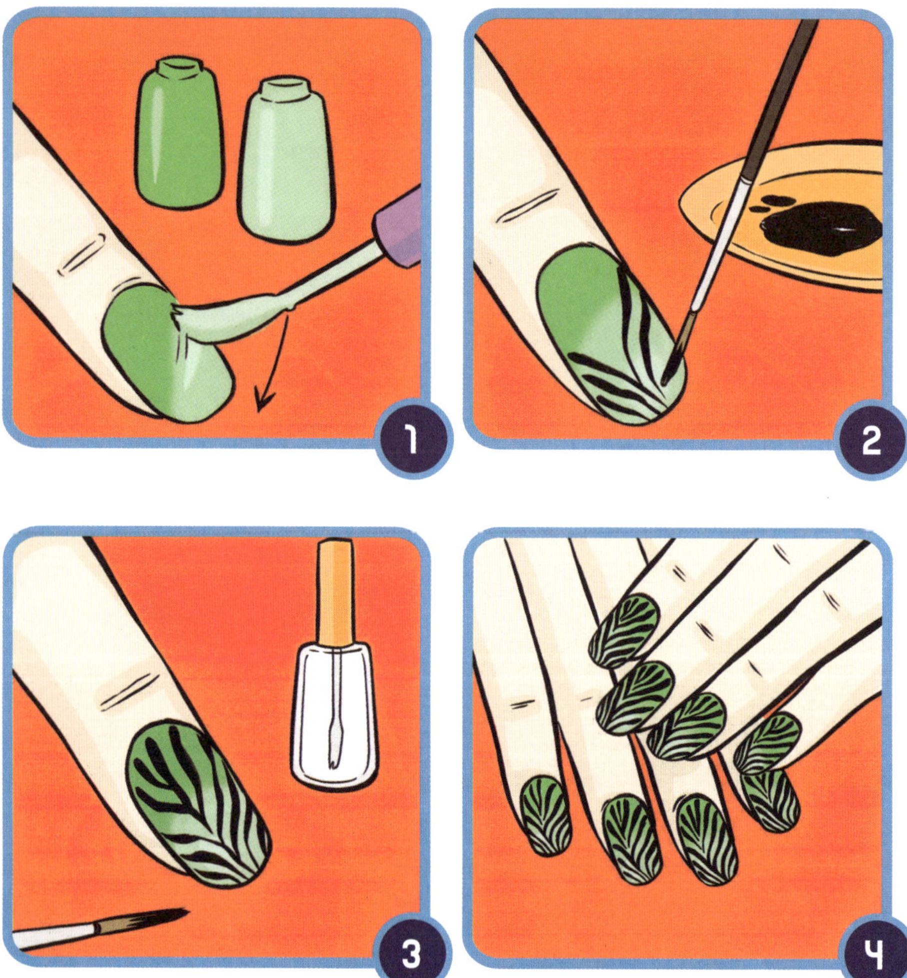

1 Dopo aver applicato su tutte le unghie la base trasparente, stendete sulla metà della prima unghia vicina alla cuticola lo smalto

opaco e poi applicate immediatamente quello metallizzato, sovrapponendolo in parte e stendendolo in diagonale. Ripetete l'operazione su tutte le unghie con 5 colori diversi e fate asciugare.

2 Diluite leggermente la pittura acrilica con acqua, poi con il pennellino disegnate le zebrature: a un angolo dell'unghia tracciate 2 o 3 linee diagonali parallele e sottili, leggermente curve, poi disegnate una linea obliqua in direzione opposta che converga creando una V e proseguite con le linee parallele a quest'ultima linea.

3 Riempite lo spazio vuoto con altre linee oblique convergenti e fate asciugare.

4 Applicate uno strato di smalto trasparente.

CATERINA

LOOK DA ROCK STAR

Se penso al rock mi vengono subito in mente il nero e il metallo. Quindi i miei consigli per ottenere uno stile in linea con questo genere musicale sono davvero semplici: scegliete un abbigliamento total black grintoso ma adatto alla vostra personalità e aggiungeteci dei dettagli argento. Io, per esempio, non ho rinunciato alla gonna, ma grazie a questo paio di stivali e alla fibbia della cintura, ho dato un tocco più deciso al look.

APPUNTAMENTO GALANTE

Sono le 18, ricevete una telefonata per un invito galante a cena... e vi fate prendere dal panico: è troppo tardi per andare a farsi belle dall'estetista e per comprare un vestito adatto all'occasione!

Respirate profondamente, rilassatevi e leggete queste pagine: grazie a 3 facili tutorial potrete creare un outfit sensuale con quello che avete già nell'armadio, farvi da sole in pochi minuti un trattamento di bellezza completo al viso e truccarvi per avere sguardo e labbra seducenti. Credetemi: lascerete il fortunato a bocca aperta!

MODA

3 LOOK DA APPUNTAMENTO

- **Look sottoveste:** si tratta di un outfit che smentisce uno dei luoghi comuni più diffusi in fatto di moda, e cioè che un abito, per risultare femminile e sexy, debba essere attillato. Infatti, anche capi abbondanti possono essere perfetti per una serata romantica: sceglietene uno nero corto, non fasciante e dal taglio particolare, che magari lasci scoperta una spalla, e al di sotto indossate una sottoveste di colore acceso, per esempio fucsia o rossa, che deve rigorosamente fuoriuscire di parecchi centimetri, sembrando quasi una banda colorata applicata al vestito. Grazie a questo tocco glamour, da una parte potrete ravvivare un look altrimenti total black, dall'altra sarete davvero sensuali. Completate con pochette nera e scarpe con tacco, anche con dettaglio gioiello.
- **Look camicia da uomo:** la camicia di taglio maschile è un capo che nell'armadio di una ragazza o di una signora dovrebbe sempre essere presente. Anche perché, sorprendentemente, gli uomini la ritengono davvero sexy se indossata da una donna! È quindi perfetta per giocare creando un look femminile, ma non in senso ca-

nonico: basta abbinarla a un pantalone a sigaretta aderente e a una scarpa aggressiva, dal modello semplice ma di un colore acceso, per esempio rosso. Nella scelta della borsa, optate per una pochette che richiami il colore delle scarpe.

• **Look shorts:** gli shorts, che da anni spopolano nella stagione estiva, sono ormai diventati di tendenza anche in inverno, sia in tinta unita sia con fantasie macro. Per questa occasione abbinateli a una camicia con inserti in pelle e, se non siete giovanissime e comunque in inverno, portateli con calze ultra-coprenti, il tutto rigorosamente nero. Completate con scarpe con tacco e pochette, ovviamente anch'esse nere. In questo modo sarete elegantissime e sofisticate, ma soprattutto molto attuali: perfette, per esempio, per un appuntamento in un ristorante minimale e moderno.

TRATTAMENTO DI BELLEZZA PER VISO

BEAUTY

2 CUCCHIAI DI CRUSCA MACINATA • OLIO DI RISO • 2 CUBETTI DI LATTE DI SOIA GHIACCIATO • SPUGNETTA

MASSAGGIO AL LATTE DI SOIA

• Prendete in ciascuna mano un cubetto di latte di soia ghiacciato e usate entrambi per massaggiare il viso, eseguendo movimenti circolari e simmetrici.

• Asciugate il volto con un panno asciutto.

SCRUB ALLA CRUSCA

• In una ciotolina mescolate bene la crusca con 2 cucchiai di olio di riso.

• Dopo esservi struccate con cura, prendete un po' del composto con entrambe le mani e mettetelo su viso e décolleté massaggiando dolcemente con movimenti circolari per 2-3 minuti.
• Rimuovete delicatamente dal viso la crusca e l'olio di riso usando una spugnetta.
• Se avete la pelle delicata ripetete l'operazione ogni 10 giorni-2 settimane, se invece avete la pelle grassa una volta alla settimana.

MASSAGGIO SHIATSU

1. Inumidite le mani con un po' di olio di riso o con la crema idratante che usate abitualmente e spalmate delicatamente su tutto il viso. Posizionate le dita delle mani sulla fronte e esercitate una leggera pressione, quindi ripetete l'operazione su tutta la fronte spostandovi ogni volta verso l'esterno di circa 1 cm. Ripetete più di una volta.
2. Proseguite eseguendo la stesso tipo di pressione su tutto il contorno occhi: premete delicatamente sotto gli occhi, poi lateralmente, sull'arcata sopraccigliare e, infine, ai lati del naso. Ripetete questo movimento circolare più volte.
3. Continuate il massaggio shiatsu sulle guance, partendo dagli angoli delle labbra e spostandovi verso le orecchie. Ripetete più volte.
4. Per finire, esercitate la stessa pressione salendo dai lati del mento verso gli occhi e concludendo ai lati del naso. Ripetete l'operazione qualche volta, poi tamponate la pelle con un panno per rimuovere la crema o l'olio non assorbiti.

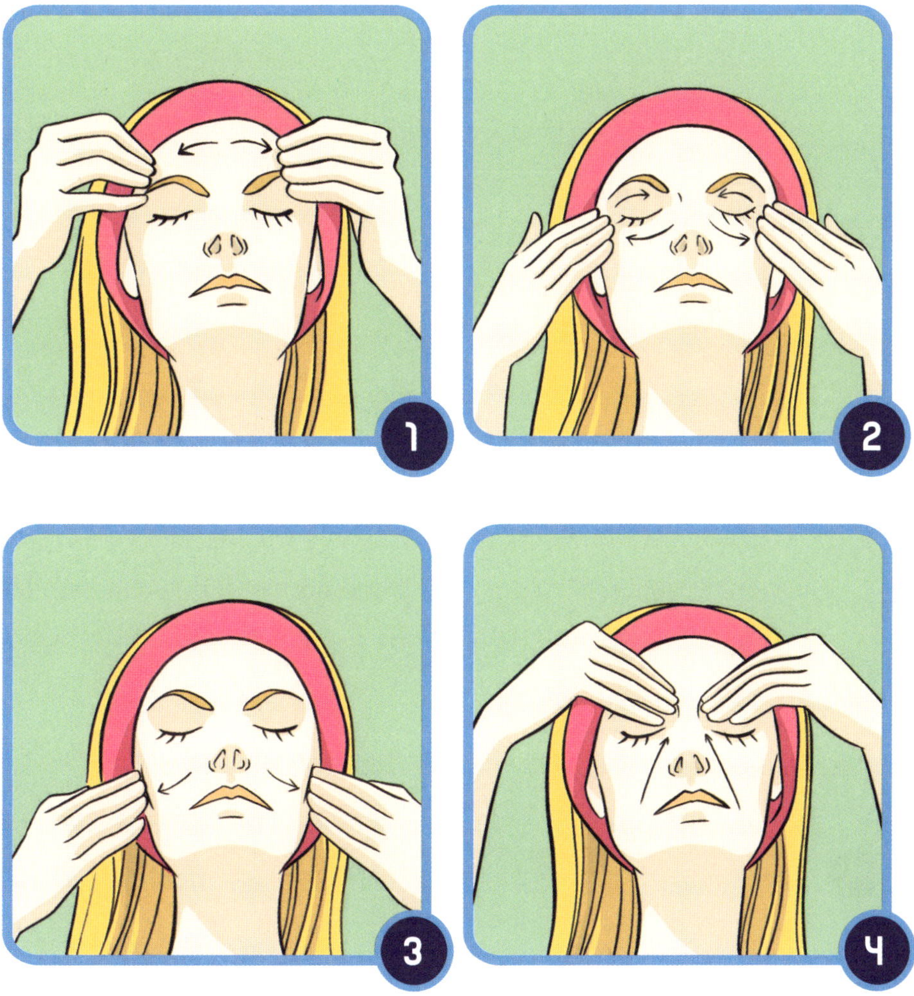
1
2
3
4

TRUCCO SMOKEY COLORATO

MATITONE PER OCCHI SCURO (NERO, GRIGIO O MARRONE) • OMBRETTO CICLAMINO (O DI UN COLORE CHE RICHIAMI QUELLO DEL VOSTRO ABBIGLIAMENTO) • OMBRETTO CHIARO PERLATO E LUMINOSO • PENNELLO PER OMBRETTO • KAJAL NERO • MASCARA NERO • MATITA PER LABBRA IRIDESCENTE COLOR CICLAMINO • POLVERE IRIDESCENTE E ILLUMINANTE • FARD BORDEAUX • PENNELLO TONDO GRANDE

1. Applicate il matitone sulla palpebra mobile e parzialmente sulla palpebra fissa, poi sull'arco cigliare inferiore. Sfumate un po' i contorni con il pennello.
2. Sfumate un po' sulle parti colorate con il matitone usando il pennello e l'ombretto ciclamino. Applicate un po' di ombretto anche verso l'esterno dell'occhio e leggermente al di sopra del matitone, avvicinandovi all'arcata sopraccigliare.
3. Applicate l'ombretto luminoso sotto l'arcata sopraccigliare con il pennellino.
4. Applicate il kajal all'interno dell'occhio e il mascara nero sulle ciglia.
5. Sfumate sulle labbra una matita color ciclamino senza definire il contorno, poi applicate un velo di gloss.
6. Con il pennello tondo grande applicate prima l'illuminante in polvere sulla parte alta dello zigomo, poi il fard bordeaux sulla base dello zigomo.

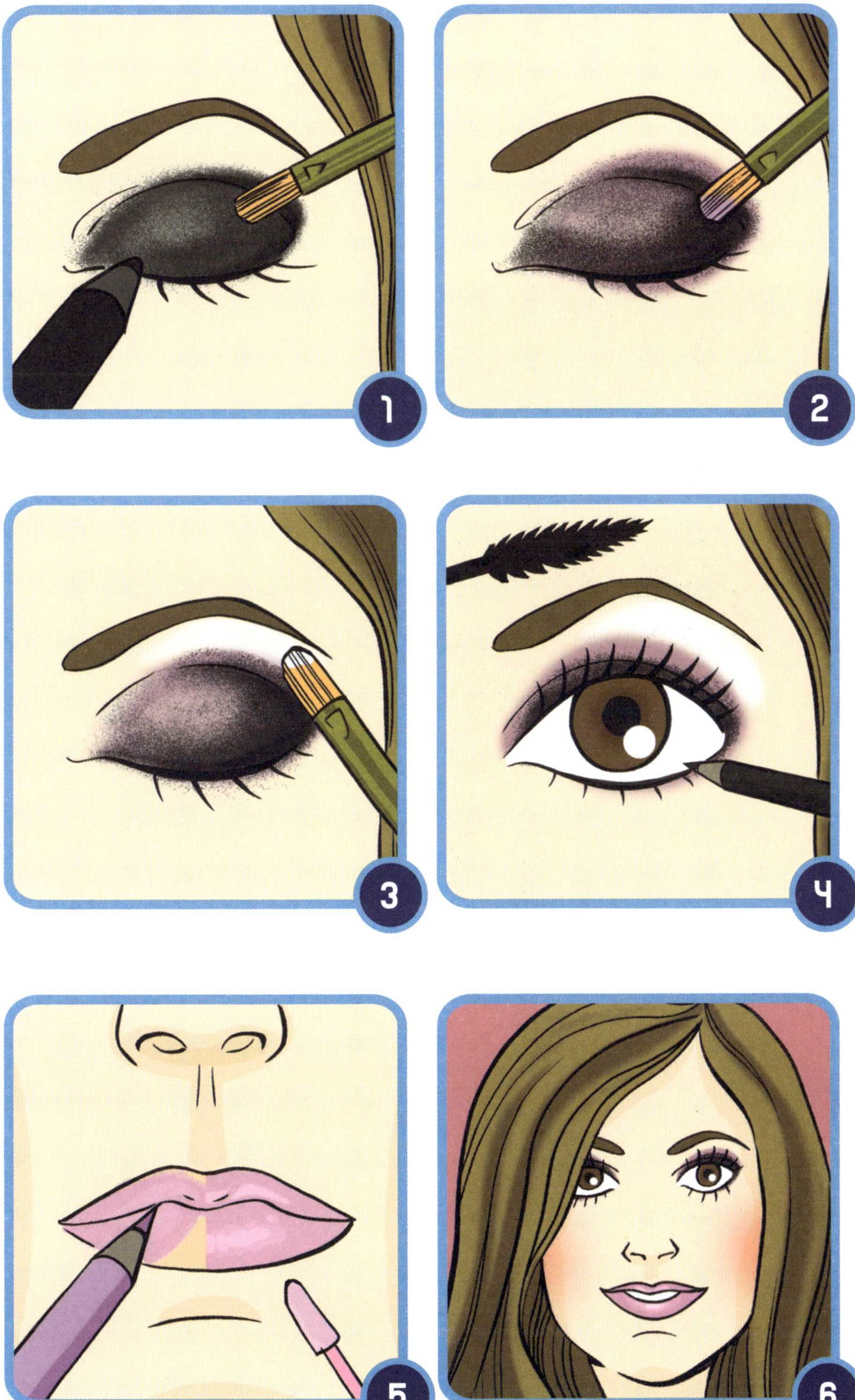
1
2
3
4
5
6

CATERINA

COME CONQUISTARE CON SEMPLICITÀ

Molte persone, sbagliando, credono che per conquistare un uomo o per far colpo sul proprio marito si debba puntare su scollature profonde, abiti super attillati o gonne cortissime, ma non è vero! O, almeno, bisogna sapere dosare le cose, perché altrimenti si rischia di risultare volgari. Per esempio in questa occasione io ho puntato tutto su gambe e piedi: ho scelto come acconciatura una semplicissima treccia laterale e ho indossato un abito nero accollato ma corto, abbinato a un paio di scarpe-gioiello dal tacco vertiginoso.

RAFFAELLO TONON: GLI ABITI MASCHILI

Già dal primo appuntamento potete capire se l'uomo che vi trovate di fronte ha stile oppure gusti pessimi: basta guardare che abito indossa!

Gli abiti da uomo possono essere divisi in 3 grandi categorie.

Si parla di abito "intero" quando giacca e pantaloni sono realizzati con stesso tessuto e stessa trama: un abbinamento ideale per le occasioni formali, come importanti riunioni e colloqui di lavoro. Il nero è perfetto per eventi importanti, ma per l'uso quotidiano meglio preferire completi blu scuro o grigio antracite.

Esiste poi il cosiddetto abito "spezzato", cioè composto da giacca e pantaloni diversi, non scelti a caso ma secondo un certo stile: si deve spezzare per colore (grandi classici sono giacca blu con pantaloni grigi o giacca in tweed marrone con pantaloni color kaki) o per tessuto (ma senza osare troppo e ricordando che la giacca deve essere sempre più pesante dei pantaloni o uguale) e indossare questi abiti solo per occasioni informali.

Infine, alla terza categoria appartengono gli abiti "eleganti", cioè adatti a contesti molto formali: i completi con doppiopetto o monopetto con gilet coordinato sono perfetti per le occasioni eleganti e i matrimoni, rigorosamente portati con cravatta e scarpe lucide, e in nero o blu scuro per la sera; mentre per eventi particolari come gala, prime teatrali e serate al casinò (e sempre se sull'invito c'è scritto "black tie") si può indossare lo smoking.

A TEATRO E AL CASINÒ

Con teatro non intendo la recita scolastica o il concerto di musica leggera, ma mi riferisco a quegli eventi davvero eleganti, come le prime delle opere liriche o gli importanti spettacoli di musica sinfonica, che si tengono sui più importanti palcoscenici. È vero, non si tratta di occasioni a cui si partecipa tutti i giorni, ma almeno una volta nella vita capita di dover prendere parte a un evento formale ed è meglio non farsi trovare impreparate. Ricordate quindi di indossare l'abito lungo, di portare una pochette e di scegliere un'acconciatura semplice ma elegante. E grazie a questi tutorial scoprirete come farlo senza dover spendere un patrimonio!

BEAUTY

PROFUMO SOLIDO DA BORSETTA

10 G DI CERA D'API • 10 G DI OLIO VEGETALE A SCELTA • 7 ML DEL PROFUMO CHE PREFERITE • CUCCHIAINO DI PLASTICA • PICCOLO CONTENITORE DI VETRO • CIALDINA PER COSMETICI VUOTA

• In un contenitore di vetro versate la cera d'api, che serve a dare consistenza al prodotto, e l'olio vegetale: oltre a garantire l'idratazione, fisserà il profumo sulla pelle. Mettete a bagnomaria per un minuto e mescolate di tanto in tanto con il cucchiaino di plastica per facilitare la fusione della cera e non alterare le proprietà dei prodotti.

• Quando la cera si è sciolta del tutto, spegnete il fuoco, ma lasciate il contenitore in caldo e proseguite subito nella preparazione in modo che la cera non si solidifichi: aggiungete il profumo, mescolate nuovamente per qualche secondo e versate il composto nel contenitore vuoto per cosmetici.

• Lasciate riposare in frigorifero per 15 minuti in modo che il composto si solidifichi, ed ecco pronto il vostro profumo solido. Potrete portarlo sempre con voi, perché entra anche in una pochette!
• Una volta applicato il profumo sul collo o sui polsi, la fragranza dura un giorno intero. Il prodotto si conserva per 6 mesi a temperatura ambiente.

CATERINA

PRIMA ALLA SCALA

Eccomi alla serata di inaugurazione della stagione 2011-2012 del Teatro alla Scala di Milano: un'occasione che richiede un look davvero elegantissimo.
Ho quindi scelto un abito lungo con scollatura profonda, una stola di pelliccia e, per un tocco ancora più raffinato, un paio di guanti lunghi.
Tutto nero, ma con una nota accesa di colore data dalla pochette rossa.
E per illuminare il viso, una bellissima parure di gioielli, luccicanti quanto basta.

ABITO DA RED CARPET

1,2X2 M DI GEORGETTE RICAMATO CON PERLINE O PAILLETTES
• 3 SPILLE GIOIELLO

1. Prendete il tessuto sul lato corto, appoggiatelo sul petto tenendo ferma con una mano un'estremità sulla spalla e fate girare il tessuto intono al corpo. Congiungete un punto del tessuto che si trova sulla schiena all'estremità tenuta sulla spalla sinistra, in modo che avanzino circa 20 cm di stoffa. Fissate con una spilla.
2. Ripiegate all'interno i 20 cm di tessuto rimasti pendenti in modo da ottenere un lato obliquo lungo circa 50 cm.
3. Fatelo passare sotto il braccio e portatelo davanti. Tirate bene la stoffa e fissatela con una spilla sotto il seno, pinzando anche il tessuto che si trova al di sotto, in modo da plissettarlo e da evidenziare il punto vita.
4. Ripiegate leggermente all'interno il tessuto che cade davanti per non mostrare il taglio della stoffa e fissatelo su quello al di sotto a un'altezza di circa 10 cm sopra al ginocchio, in modo da richiudere leggermente lo spacco.

FABRIZIO CRISPINO: LOOK DA STAR A POCHI EURO

Grazie a questo tutorial non avrete nulla da invidiare alle più grandi attrici di Hollywood, spendendo però circa un centesimo! Infatti, per realizzare un abito elegantissimo, non solo vi bastano un pezzo di stoffa e qualche spilla, ma per risparmiare ulteriormente potete comprare scampoli di stoffa avanzati da un rotolo ormai finito. In questo modo, anche per un tessuto pregiato, spenderete pochissimo!

20 cm
1
50 cm
2
3
4

ACCONCIATURA ELEGANTE

1 ELASTICO • FORCINE • EXTENSION MOLTO LUNGA DEL COLORE DEI VOSTRI CAPELLI (FACOLTATIVA) • LACCA

1. Dividete i capelli sopra la testa in 2 parti disegnando con il pettine una riga laterale molto bassa.
2. Prendete una ciocca di capelli nella parte posteriore della testa, al centro, e con un elastico realizzate una coda. Se non avete i capelli davvero molto lunghi, prendete l'extension, attaccateci un elastico e annodatelo alla codina.
3. Attorcigliate su se stessa la coda (compresa l'extension, se l'avete usata) e poi, con il torciglione così ottenuto, create uno chignon in cima alla testa, leggermente decentrato dalla parte della riga. Fissatelo con delle forcine.
4. Prendete i capelli rimasti liberi sotto la riga, attorcigliateli su se stessi lasciando anche che si arrotolino leggermente e fissate questa ciocca intorno allo chignon con altre forcine.
5. Prendete i capelli rimasti liberi dall'altro lato del viso, portateli dietro l'orecchio, quindi rigirate la ciocca leggermente verso l'interno. Unite man mano il resto dei capelli rimasti liberi anche dietro la testa, tirandoli bene verso la nuca e continuando ad attorcigliare.
6. Portate in alto quest'ultimo torciglione e fissatelo con le forcine attorno allo chignon. Terminate spruzzando un po' di lacca.

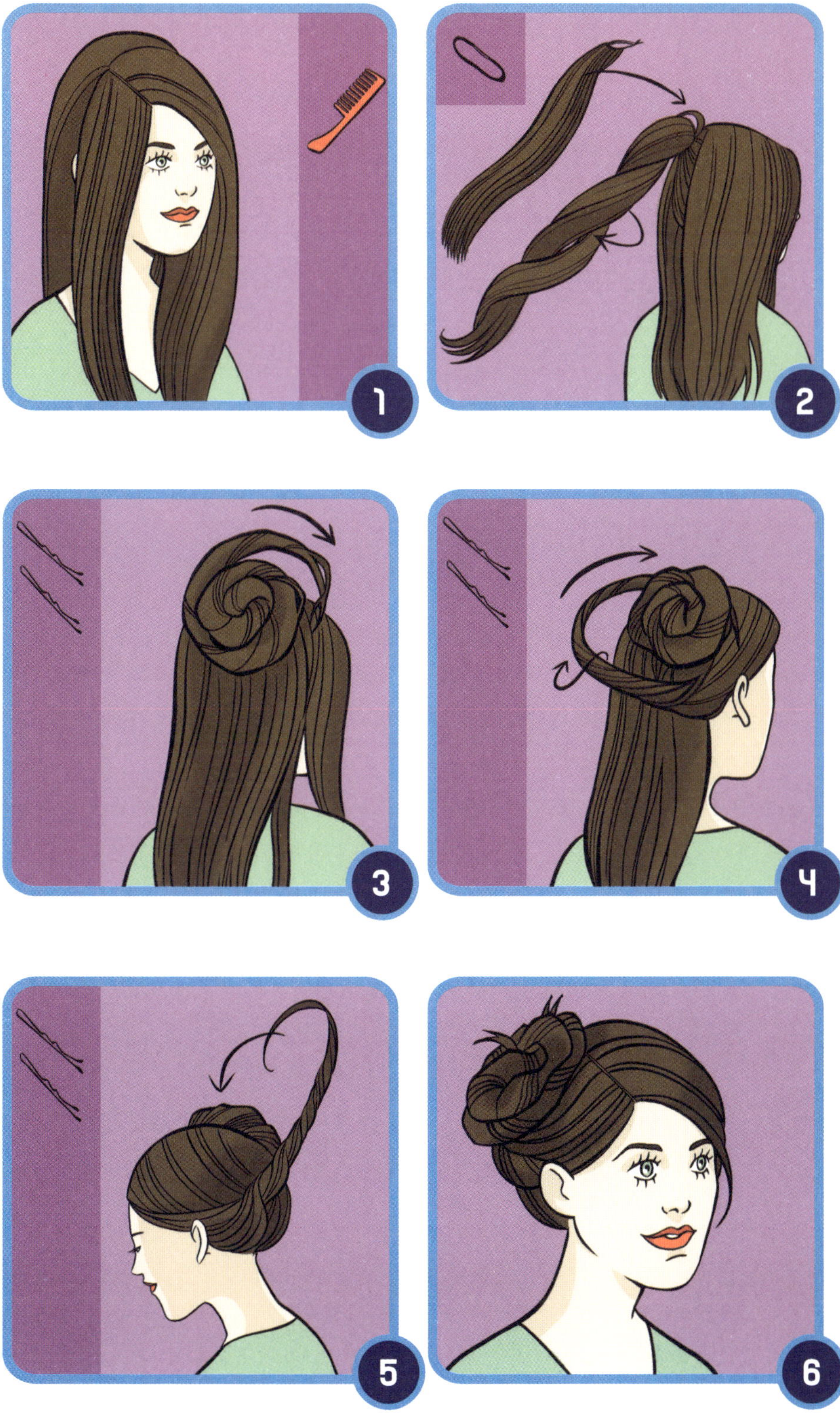
1
2
3
4
5
6

La notte per molti è il momento della giornata in cui si osa di più: c'è chi si scatena in super party organizzati per occasioni speciali e chi balla per ore e ore in discoteca, sfoggiando look appariscenti, make up luccicanti e accessori originali. Altre persone, invece, preferiscono rilassarsi a casa in pigiama e pantofole. In entrambi i casi, prima o poi arriva l'ora di andare a letto e la regola da seguire diventa uguale per tutti: dedicare qualche minuto alla cura del proprio corpo per dormire sonni tranquilli e, soprattutto, per diventare ogni giorno più belle.

NOTTE

IN DISCOTECA

Finalmente è sabato sera!
E per festeggiare con gli amici, divertirsi o sfogare i malumori accumulati durante una faticosa settimana di lavoro o di studio, spesso la soluzione migliore è trascorrere una folle notte in discoteca.
Perciò scegliete un look glamour e originale, ma abbastanza comodo da permettervi di ballare, osate con trucco e accessori scintillanti o dai colori sgargianti e... scatenatevi!

TRUCCO GLITTERATO

MATITONE BLU IN CREMA • MATITONE NERO IN CREMA • MATITA PER OCCHI BIANCA • PENNELLINO TONDO • PENNELLO PIATTO • PENNELLO GRANDE • GLITTER ARGENTO, BLU E NERI • MASCARA NERO • MATITA ROSSA PER LABBRA • ROSSETTO ROSSO • GLOSS • ILLUMINANTE IN POLVERE • TERRA • CORRETTORE • CIPRIA

1. Dopo aver applicato correttore, terra e cipria (vedi p. 14), colorate la parte interna della palpebra mobile con il matitone blu e l'altra metà con il matitone nero. Con il pennellino stendete bene la matita sfumando i 2 colori tra loro. Sfumate anche verso l'esterno dell'occhio creando una forma allungata.
2. Con la matita nera tracciate il contorno inferiore dell'occhio, poi sfumate leggermente la linea usando il pennellino e facendo in modo che le sfumature di ombretto si congiungano all'angolo esterno dell'occhio. Applicate la matita bianca lungo tutta la congiuntiva interna.

1
2
3
4
5
6

3. Con il pennello piatto prelevate un po' di glitter argento dalla confezione e applicateli sulla parte interna della palpebra mobile: rimarranno attaccati all'occhio perché avete utilizzato un matitone in crema.
4. Con gli altri brillantini create la sfumatura di colore: applicate al centro della palpebra i glitter blu e all'angolo esterno quelli neri. Per allungare l'occhio sfumate i brillantini su fasce oblique invece che orizzontali. Mettete il mascara.
5. Tracciate il contorno delle labbra con la matita rossa e riempite con il rossetto.
6. Applicate del gloss solo sulla parte centrale delle labbra per dare volume e completate il make up stendendo con il pennello grande l'illuminante sulle guance.

NADIA BAZZUCCO: UN CONSIGLIO PER MAKE UP PERFETTI

Questo è un make up scenografico ispirato a quello di moda negli Stati Uniti, dove soprattutto le ragazze più giovani usano molto le ciglia finte, anche colorate e con piume, gli eyeliner e i glitter.

Quando preparate un trucco di questo tipo, cioè con elementi come i glitter che rischiano di cadere sulle guance e sul viso mentre vi truccate, cospargete con abbondante cipria la parte sotto l'occhio: in questo modo per eliminare il materiale in eccesso caduto, basterà dare una spolverata sulla zona con il pennello.

3 LOOK DA DISCOTECA

MODA

• **Look con top incrociato:** mettete una pashmina in tinta unita al collo, incrociate i 2 lembi davanti e poi portatene le estremità esterne dietro la schiena. Controllate che il seno sia coperto, quindi fissate la pashmina in questa posizione usando un cinturone elasticizzato. Potete aprire un po' la sciarpa per mostrare l'ombelico. Completate il look con loungette di pelle nera, borsetta lucida e scarpe nere con tacco.

• **Look con miniabito:** avvolgete una pashmina preferibilmente nera intorno al busto, sotto le braccia, e fissatela con una spilla da balia sopra il seno destro, in modo che la parte finale della sciarpa penda creando una specie di drappo. Legate in vita una sciarpa sottile e colorata, luccicante. Completate il look con un pellicciotto ecologico in tinta, collant colorati e pochette. Indossate stivali neri senza tacco o galoche a fantasia.

• **Look con blusa monospalla:** appoggiate una pashmina a fantasia animalier a cavallo della spalla sinistra, a circa metà lunghezza. Aprite il lembo anteriore in modo da coprire il busto, poi portate davanti il lembo che si trova sulla schiena, facendolo passare sotto il braccio destro, e fissatene l'estremità superiore alla spalla sinistra con una spilla da balia. Prendete il tessuto rimasto pendente lungo il braccio sinistro e legatelo sul fianco destro creando un drappeggio. Completate il look con anfibi, magari borchiati, shorts e calze a rete, tutti neri.

SIMONA MIANI: PASHMINE DA S-BALLO

Per andare in discoteca in inverno, le pashmine presentano 2 enormi vantaggi: da un lato vi terranno al caldo senza farvi sudare perché non sono sintetiche; dall'altro, essendo disponibili in qualsiasi colore e fantasia, potrete abbinarle e cambiarle a seconda degli accessori e della serata, creando mille look differenti e sempre originali.

NAIL ART WATER MARBLE

SMALTO TRASPARENTE • SMALTO BIANCO • CIOTOLINA • SMALTO DI 2 COLORI (MOLTO LIQUIDI: GLI SMALTI VECCHI NON VANNO BENE!) • DISCHETTI DI COTONE • SOLVENTE PER UNGHIE • CREMA PER LE MANI • STUZZICADENTI LUNGHI • COTTON FIOC

1. Applicate la base trasparente e poi lo smalto bianco su tutte le unghie. Spalmate con un pennellino un po' di crema sulla pelle intorno all'unghia e fino a metà dito, per evitare che lo smalto vi aderisca e risulti poi difficile rimuoverlo.
2. Fate cadere 3 o più gocce di ciascuno smalto colorato nella ciotolina piena di acqua a temperatura ambiente in questo modo: iniziate con una goccia del primo colore, che resterà a galla e andrà a formare un cerchio che si espande, poi fate cadere all'interno del cerchio una goccia di smalto dell'altro colore e lasciate che anch'esso si allarghi naturalmente. Ripetete l'operazione facendo cadere sempre le gocce all'interno dell'ultimo cerchio, in modo da creare una serie concentrica. Agite molto velocemente in modo che la pellicola di smalto non si solidifichi: se dovesse succedere rimuovetela con uno stecchino e ripetete l'operazione da capo.
3. Per un effetto a righe: immergete per qualche secondo l'unghia di piatto nel punto in cui si sono formate più linee, rimuovendo lo smalto intorno con uno stuzzicadenti lungo.
4. Per un effetto marmorizzato: muovete lo stuzzicadenti a pelo d'acqua disegnando spirali e linee tondeggianti per riprodurre le venature del marmo. Una volta ottenuto l'effetto marmorizzato che vi soddisfa, immergete l'unghia di piatto nella ciotola

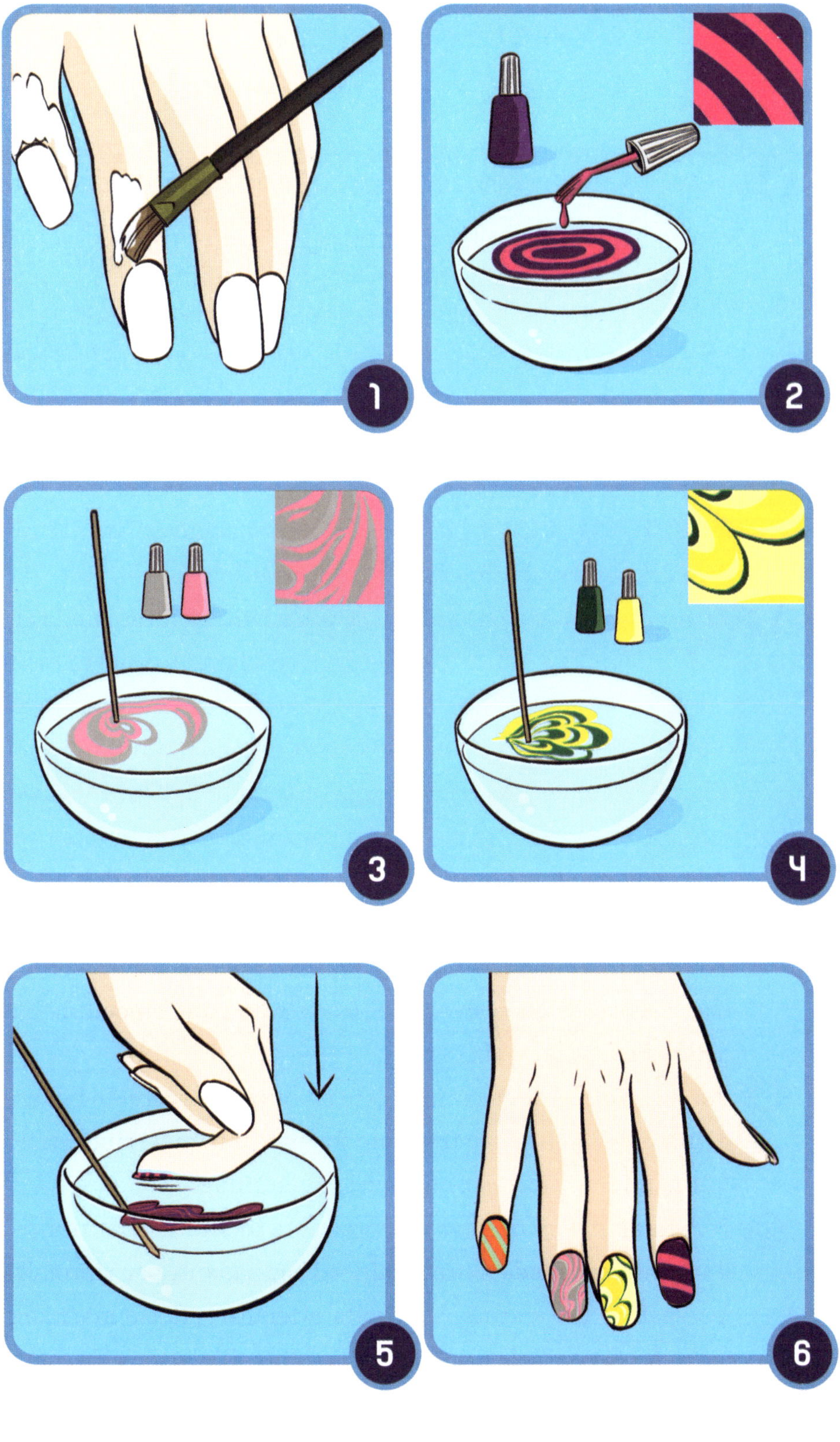
1
2
3
4
5
6

per qualche secondo, in corrispondenza del disegno che vi piace, rimuovendo lo smalto intorno con uno stuzzicadenti lungo.

5. Per un effetto floreale: trascinate la punta dello stuzzicadenti a pelo d'acqua partendo dalla circonferenza più esterna e muovendovi verso il centro e ripetete quest'operazione lungo la circonferenza 4 o 5 volte, a distanze di circa 5 mm. Immergete l'unghia di piatto nella ciotola per qualche secondo, in corrispondenza dei "petali" che più vi piacciono, rimuovendo lo smalto intorno con uno stuzzicadenti lungo.
6. Rimuovete con un dischetto lo smalto rimasto sulla pelle: grazie alla crema che ci avevate spalmato sarà davvero facile! Altrimenti usate un cotton fioc imbevuto di solvente per unghie, anche per ripulire le cuticole.

RAFFAELLO TONON: GLI UOMINI E LA VITA NOTTURNA

Quante volte vi è capitato di andare in un locale, un discobar o una discoteca e di vedere uomini, più o meno giovani, vestiti in modo orrendo? Cercate quindi di evitare che il vostro accompagnatore vi faccia fare brutte figure suggerendogli 3 semplici regole: 1. evitare di indossare capi in tessuti sintetici, che favoriscono la sudorazione; 2. non esagerare con gli accessori, scegliendo magari solo un bel bracciale abbinato a un orologio in acciaio o in gomma colorata ed evitando maxi collane e collari; 3. osare con dettagli e capi eccentrici solo se si è in grado di abbinarli e portarli con stile, perché il rischio di apparire ridicoli è sempre dietro l'angolo!

CATERINA

MAKE UP DA DISCO

Sebbene per quanto riguarda le unghie preferisca sempre rimanere sul classico, per la discoteca mi piace scegliere sempre un trucco con un tocco scintillante! L'importante è solo usare il colore giusto, abbinandolo al proprio look. Perciò, il make up del tutorial è perfetto se indossate un vestito blu o un top argentato. Io in questo caso, avendo un abito nero, ho optato invece per un trucco smokey sui toni del verde, realizzato con un ombretto glitterato.

CAPODANNO

Purtroppo si festeggia una sola volta all'anno, ma spesso si ricorda per tutti i 365 giorni successivi: sto parlando della notte di San Silvestro! Che decidiate di trascorrerla in un ristorante elegante e chic cenando con vostro marito, o partecipando a una festa folle con gli amici l'imperativo è: brillare!
Per farlo può bastare un paio di orecchini vistosi e luccicanti, oppure un colletto di strass che ormai è di gran moda. E, per una volta, provate un'acconciatura eccentrica che sembri un'opera d'arte.

FAI DA TE

COLLETTI LUCCICANTI

COLLETTO CON CRISTALLI

COLLETTO TONDO (O CARTAMODELLO) • PANNOLENCI DEL COLORE CHE PREFERITE • GESSETTO DA SARTA • STRASS O CRISTALLI CON CASTONE • NASTRO • FORBICI • PINZETTE • PINZE

1. Con il gessetto ricalcate il colletto o il cartamodello sul pannolenci e ritagliate la sagoma così ottenuta. Con le forbici create 2 piccoli fori alle estremità interne del colletto, fateci passare 2 pezzi di nastro e fissateli con un piccolo nodino: serviranno per legare il vostro colletto con un bel fiocco.
2. Aprite, con l'aiuto delle pinzette, le linguette del castone che trattengono il cristallo, quindi estraetelo e mettetelo da parte. Posizionate il castone sul retro del tessuto, nel punto in cui vo-

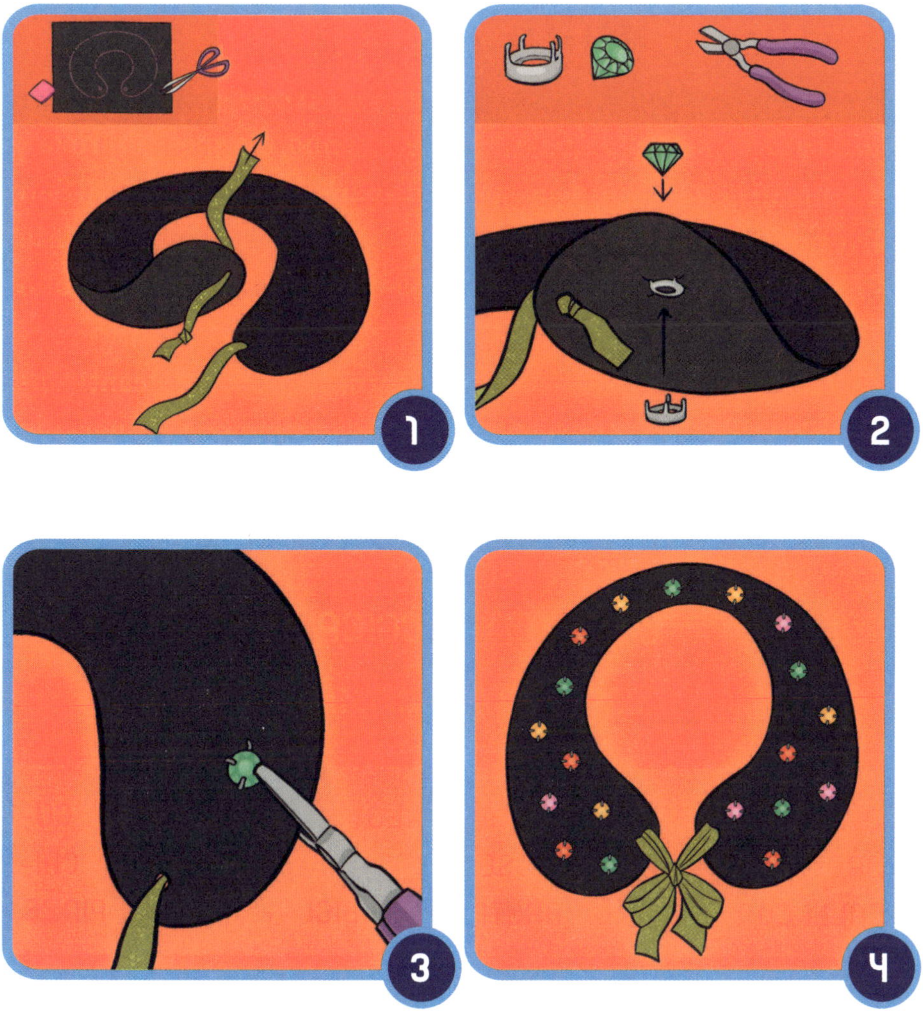

lete inserire lo strass, e spingete in modo da far fuoriuscire le linguette sul davanti.

3 Posizionate il cristallo sul colletto in corrispondenza del castone e richiudete le linguette con le pinzette.

4 Decorate tutto il colletto con i cristalli.

COLLETTO CON CATENELLA

COLLETTO DI CAMICIA (DI RECUPERO, OPPURE SI ACQUISTA IN MERCERIA) • FILO DA RICAMO DEL COLORE CHE PREFERITE • CATENELLA DORATA DI BIGIOTTERIA • AGO

1. Infilate l'ago nel filo e fate un nodino all'estremità. Prendete il colletto di camicia, fate passare l'ago all'inizio del bordo del colletto, infilatelo nella prima maglia della catenella, quindi fatelo passare nuovamente nel tessuto.
2. Continuate così fino a che non avrete terminato tutto il bordo del colletto, facendo passare ago e filo in ogni maglia della catenella tranne che sugli angoli, dove per far girare la catenella dovrete lasciare libere 3 o 4 maglie.

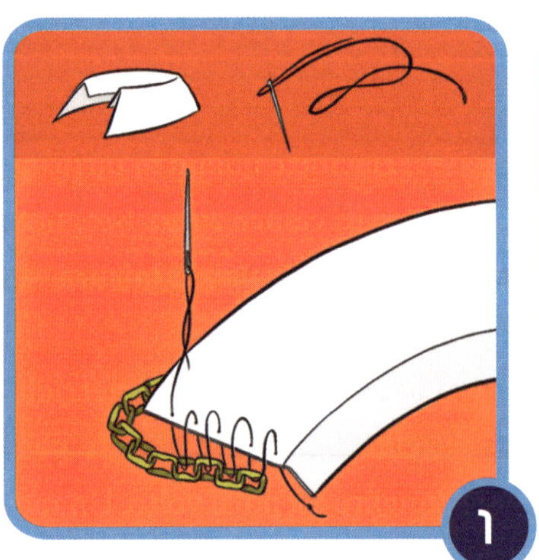

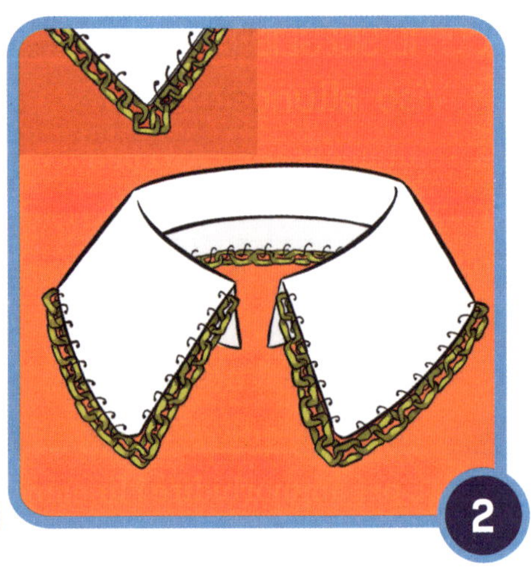

ANNA BORRELLI: COLLETTI DECORATI

Ora che avete imparato le tecniche di base, scatenate la fantasia! Per esempio, invece che il pannolenci, potete usare dell'ecopelle recuperata da una vecchia borsa e, al posto dei cristalli, le decorazioni che preferite e più in linea con il vostro stile: pietre di madreperla incollate, termostrass fissati con il ferro da stiro, paillettes, borchie... E per un' occasione più informale, si possono realizzare dei divertentissimi colletti colorati cucendoci sopra dei bottoni di recupero.

ORECCHINI

COME SCEGLIERLI IN BASE ALLA FORMA DEL VISO

- **Viso allungato:** se avete il viso magro e di questa forma dovete assolutamente evitare i pendenti, perché il rischio è quello di farlo apparire ancora più lungo, intristendolo invece di valorizzarlo. Scegliete quindi degli orecchini a "bottone": vanno bene di qualsiasi misura, sia quelli molto piccoli sia quelli più ingombranti.
- **Viso squadrato:** dovete evitare pendenti con forme geometriche squadrate e prediligere orecchini tondeggianti, preferibilmente pendenti, per ammorbidire i lineamenti e allungare un po' il volto. Un modello perfetto potrebbero essere i classici cerchi.

• **Viso rotondo:** scegliete orecchini lunghi e con forme geometriche per contrastare le linee morbide e tondeggianti del vostro volto.

• **Viso a cuore,** ovvero con fronte abbastanza larga, guance con linee morbide e mento leggermente appuntito e sporgente: se avete queste fattezze optate per gli orecchini con pendente ma senza forme geometriche, che rischiano di sottolineare la forma del mento. Scegliete, quindi, dei pendenti a goccia: la linea tondeggiante e allungata servirà ad addolcire la punta e la piccola sporgenza del mento.

• **Viso ovale:** consente di indossare qualsiasi orecchino perché non serve addolcire forme squadrate né tondeggianti, perciò... sbizzarritevi!

COME SCEGLIERLI IN BASE AI CAPELLI

• **Capelli corti:** evitate pendenti eccessivamente lunghi o voluminosi perché rischiano di distogliere troppo l'attenzione dal viso! Optate, quindi, per orecchini a lobo o pendenti corti, che spuntino al massimo di un centimetro oltre i capelli.

• **Capelli di media lunghezza:** scegliete orecchini di misura media, proprio come i capelli.

• **Capelli lunghi:** osate e sbizzarritevi, indossando anche orecchini maxi e vistosi in modo da creare un gioco di "vedo-non vedo" tra i capelli! Perfetti anche i cerchi.

• **Capelli raccolti:** in questi casi dipende dalle occasioni. Se partecipate a un evento informale o in generale che si svolge la mattina o il pomeriggio, l'orecchino deve avere dimensioni ridotte perché l'orecchio è già ben visibile. Se al contrario l'acconciatura è studiata per un look da sera, potete sbizzarrirvi con orecchini più grandi, vistosi e, perché no, luccicanti!

COME SCEGLIERE IL COLORE GIUSTO

• **Capelli scuri e pelle chiara:** scegliete orecchini con colori freddi come l'argento, l'azzurro o il viola ametista.

- **Capelli castani e pelle ambrata:** preferite orecchini dai colori caldi come l'oro, il bronzo o il mattone.
- **Capelli biondi e occhi chiari:** optate per orecchini dai colori pastello come l'ambra, il quarzo rosa, la giada e il turchese.

CATERINA

IL MIO LOOK DA SERATA

Ecco un look molto semplice ma di grande effetto! Infatti, quello che potrebbe essere un outfit da ufficio, composto da un paio di pantaloni skinny e un top color panna, si trasforma in un look da sera perfetto per andare in un locale alla moda, a un evento, o a una festa di compleanno, grazie soltanto a un luccicantissimo colletto decorato. E per valorizzarlo il più possibile, raccogliete i capelli e indossate pochi gioielli e di piccole dimensioni.

ACCONCIATURA ECCENTRICA

FISSATORE PER CAPELLI IN POLVERE • MOLLETTE • LACCA • 3 ELASTICI

1. Separate i capelli che si trovano sulla parte superiore della testa e fissateli provvisoriamente con una molletta. Pettinate bene il resto della chioma, cospargetela con il fissatore e dividetela in 3 fasce orizzontali: una più alta che raccoglie i capelli che arrivano fin sotto le orecchie, una centrale e una bassa più piccola. Legate ciascuna fascia in una coda centrale stretta, usando un elastico.
2. Cospargete la coda più alta con altro fissatore, quindi cotonatela leggermente spazzolando in senso contrario e spruzzate un po' di lacca. Lavorate delicatamente con le mani o con la spazzola i capelli: non dovete eliminare la cotonatura ma rimodellare la ciocca in modo che sia compatta. Quindi fissate la punta della coda sopra la base della coda sottostante, in modo da creare un anello, e fissatela con le forcine.
3. Fate lo stesso con le altre 2 code: cotonate, spruzzate la lacca e fissate la cima della ciocca in modo da formare un anello.
4. Togliete la molletta dai capelli raccolti in cima alla testa, cotonateli leggermente, spruzzate la lacca e portate il ciuffo dietro a un orecchio fissando bene la piega con la lacca. Se volete, fermate il ciuffo con una forcina dietro l'orecchio.

SANDRO CONTU: ALTRE IDEE ECCENTRICHE

Questa acconciatura si presta a moltissime variazioni, tutte di grande effetto. Al posto delle code "arrotolate" potete, per esempio, realizzare degli chignon e non necessariamente dietro alla testa. Potete infatti dividere i capelli in 3 fasce orizzontali, legarle tutte da un lato della testa, quindi arrotolarle e fissarle con le forcine. Per completare la pettinatura con un tocco originale inserite al centro di ogni chignon un grande fiore di carta velina (vedi p. 30).

PRIMA DI DORMIRE

È arrivato il momento di andare a dormire e perciò avete a disposizione quel breve ma fantastico ritaglio di tempo nell'intero arco della giornata che potete dedicare solo a voi stesse. Rilassatevi con un bel bagno caldo, coccolatevi con un massaggio o una maschera di bellezza e approfittatene per prendervi cura della vostra pelle e dei vostri capelli. Ma soprattutto: non permettete a nessuno di rubarvelo!

TRATTAMENTO PER OCCHI E CONTORNO OCCHI

ESERCIZIO PER AVERE OCCHI LUMINOSI E MIGLIORARE LA VISTA

• Muovete gli occhi verso l'alto, il più possibile, e poi verso il basso. Ripetete il movimento per 8-10 volte, a ritmo lento.

• Muovete gli occhi prima a sinistra e poi a destra per 8-10 volte, lentamente.

• Descrivete con gli occhi un 8 orizzontale da sinistra a destra e poi al contrario. Ripetete per 8 volte.

• Disegnate con gli occhi un 8, questa volta verticale, per 8 volte.

• Fissate con entrambi gli occhi la punta del naso poi allargate lo sguardo il più possibile, cercando di cogliere quanti più dettagli con la vista periferica. Ripetete il movimento per 8 volte.

• Eseguite tutti gli esercizi con tranquillità, senza fretta, controllando sempre che gli occhi "disegnino" con esattezza le linee indicate. Se durante l'esecuzione avvertite stanchezza o affaticamento, sbattete le palpebre e fate una pausa prima di proseguire.

• Dedicate a questo esercizio 10-15 minuti al giorno, quando preferite.

MASCHERA PER COMBATTERE LE BORSE

3 FOGLIE DI SPINACI • 2 RAMETTI DI PREZZEMOLO • GARZE

• Con le forbici ricavate dalla garza 2 dischi del diametro di circa 8 cm e ritagliate al centro di ciascuno un cerchio più piccolo, largo circa 3 cm.

• In un mortaio pestate le foglie di spinaci e il prezzemolo: gli spinaci sono un potente antiossidante naturale, utile anche a spianare le rughe sottili e a prevenire l'insorgenza di nuove, mentre il prezzemolo possiede proprietà drenanti e schiarenti.

• Immergete i dischi nella poltiglia così ottenuta aspettando che si imbevano bene, poi posizionateli sul viso in modo che gli occhi si trovino nell'apertura centrale e la garza aderisca su tutto il contorno occhi.

• Lasciate in posa per 10 minuti... e noterete subito la differenza!

JOANNA HAKIMOVA: COME RILASSARE GLI OCCHI STANCHI

Se nel corso della giornata i vostri occhi, magari affaticati da ore e ore trascorse davanti al computer, si stancano, vi bruciano e si arrossano fate questo esercizio: sfregate le mani una contro l'altra per attivare l'energia del vostro corpo, poi chiudete gli occhi e appoggiate le mani sul viso in modo che il centro di ciascun palmo si trovi esattamente sopra l'occhio. Rimanete in questa posizione per un paio di minuti per permettere all'energia benefica, calda e riposante, di avvolgere i vostri occhi rilassandoli.

IMPACCO ANTI-CADUTA
4 noci / una manciata di pistacchi / 2 uova / 1 bicchiere d'acqua
½ bicchiere di limone
Tritare la frutta, mescolare tutti gli ingredienti e mettere sui capelli umi
Risciacquare

IMPACCHI PER CAPELLI

IMPACCO RIGENERANTE

100 G DI POLPA DI ZUCCA BOLLITA • 2 CUCCHIAI DI MIELE

• Schiacciate o frullate la zucca, mescolatela con il miele e applicatela sui capelli secchi o sfibrati. Lasciate in posa per 30 minuti circa, poi risciacquate con acqua tiepida.

• Questa maschera si conserva in frigorifero per una settimana, dentro un contenitore (ben lavato e asciugato) a chiusura ermetica.

IMPACCO AMMORBIDENTE

35 G DI OLIO DI COCCO LIQUIDO • 100 G DI BURRO DI KARITÉ

• Frullate gli ingredienti per 2-3 minuti e comunque finché non si “montano” come una crema, mettetela sui capelli asciutti per 30 minuti e poi risciacquate.

• La crema si conserva per 6 mesi in un contenitore a chiusura ermetica.

IMPACCO CONTRO LE DOPPIE PUNTE

2 CUCCHIAI DI OLIO DI OLIVA • 2 CUCCHIAI DI MIELE

• Mescolate olio e miele, poi applicate il composto sui capelli umidi, da metà lunghezza fino alle punte. Raccogliete i capelli sulla testa, mettete una cuffia da doccia, aspettate per mezz’ora, poi sciacquateli e lavateli.

• Ripetete l’operazione una volta alla settimana: l’olio rigenera i capelli e li rinforza, rallentando la formazione di doppie punte.

IMPACCO RINFORZANTE

6 CUCCHIAI DI OLIO DI RICINO O DI MANDORLE DOLCI • 1 CUCCHIAIO DI MIELE • 1 CUCCHIAINO DI AMIDO DI RISO • 1 CUCCHIAINO DI BURRO DI KARITÉ

• Mescolate tutti gli ingredienti, applicate il composto sui capelli asciutti o umidi prima dello shampoo e lasciate agire per circa mezz'ora, quindi risciacquate e lavate i capelli. Ripetete una volta alla settimana.

• Il composto si conserva fino a 3 mesi in un contenitore ed è perfetto per contrastare la caduta dei capelli di cui siamo vittime nei periodi di stress e in autunno.

CATERINA

UN PO' DI MUSICA!

La sera, mentre mi preparo per andare a dormire e faccio la ginnastica facciale, adoro ascoltare un po' di musica! Il genere dipende molto dalla giornata: a volte mi piace scatenarmi, altre volte preferisco decisamente rilassarmi. In ogni caso, ormai, è diventata un'abitudine a cui non posso più rinunciare e che consiglio a tutti per concludere in bellezza e in allegria la giornata.

GINNASTICA FACCIALE CONTRO LE RUGHE NASO-LABIALI

1. Tenendo la mandibola aperta, cercate di chiudere le labbra come per pronunciare la lettera O.
2. Una volta assunta questa posizione introducete gli indici di entrambe le mani sotto le labbra, agli angoli della bocca, e allargateli cercando di contrastare questo movimento con i muscoli del viso: dovete opporre resistenza provando a mantenere la O con la bocca.
3. Mantenendo la posizione della bocca, spostate gli indici più in alto e ripetete l'esercizio per rinforzare la parte superiore dei muscoli naso-labiali.
4. Fate lo stesso posizionando gli indici all'interno del labbro inferiore e spingendoli verso il basso.
5. Per rinforzare i muscoli delle guance, ripetete la seconda posizione ma lavorando più in profondità: i polpastrelli degli indici devono spingere all'interno delle guance, mentre mantenete con forza la posizione a O con le labbra.
6. Infine cambiate posizione. Serrate le labbra tra i denti con forza, appoggiate le dita delle mani a 45 gradi agli angoli della bocca e spingete i polpastrelli facendo resistenza con la testa. Quest'ultimo esercizio, oltre a combattere le rughe, aiuta a rendere le labbra più voluminose.

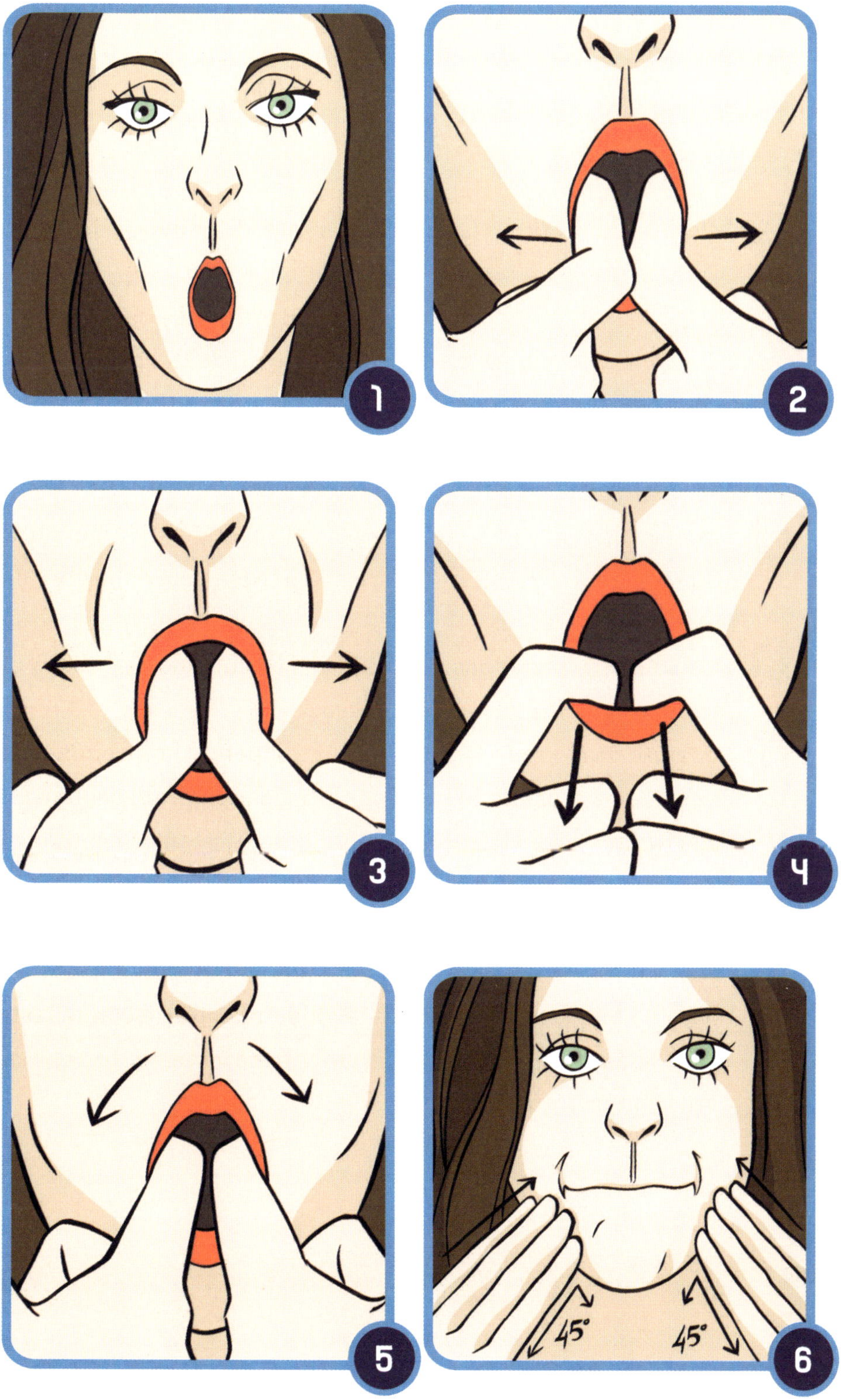
1
2
3
4
5
45°
45°
6

RINGRAZIAMENTI

Un grandissimo grazie a tutti i tutor ideatori e ispiratoti dei contenuti di questo secondo libro di *Detto Fatto*:

ANNA BORRELLI, esperta di cucito
(Creazioni Artistiche, Viale Beato Quagliotti 35, Galliate, NO)
NADIA BAZZUCCO, make up personal shopper e beauty consultant
(www.nadiamakeupartist.it; facebook: nadia bazzucco;
Twitter: @bazzucconadia)
ROBERTO CARMINATI, hair stylist
(www.robertocarminati.com)
GIOVANNI CIACCI, costumista ed esperto di look
(facebook: Giovanni Ciacci; Twitter: @giovanniciacci)
SANDRO CONTU, hair stylist
(e-mail: Contu.sandro@yahoo.it)
FABRIZIO CRISPINO, fashion stylist
(www.fabriziocrispino.com)
ELISA D'OSPINA, top model ed esperta di moda curvy
(www.elisadospina.com)
CHIARA GEROLDI, esperta di fai da te
(www.cafebijoux.com; facebook: Café Bijoux Factory;
e-mail: fiocchettofactory@gmail.com)
PAOLO GUATELLI, make up designer
(www.paologuatelli.it; facebook: Paolo Guatelli make up your makeup)
JOANNA HAKIMOVA, biologa ed esperta di biolifting
(www.naturalbiolifting.com)
PAOLO LUNGO, art director, style consultant, personal shopper
e docente di comunicazione
(www.paololungo.com)
DINA MAZZUCATO SCHILLER, fashion stylist
(Agenzia di Moda e Spettacolo e Scuola di Portamento TOP TEAM,
Via Portogallo 11, Padova)
SIMONA MIANI, fashion stylist
(mianisimona.wix.com/portfolio; facebook: petit-clou;
Twitter: @SimonaMiani)

MARIA RITA MACCHIAVELLI, esperta di fai da te creativo
(www.donnarita.it; facebook: Donnarita; Twitter: @DonnaritaMag)
IRENE MERLO, nail artist
(facebook: Irene Merlo – Crystal Nails; Twitter: @IreneMerloCN)
NICOLA PAPAVERO, hair stylist
(www.bizzarroacconciatori.it; Bizzarro by Papavero Nicola, Via Gramsci 32, Casalpusterlengo; facebook: bizzarro papavero)
MARTINA RODINI, esperta di cosmesi naturale
(www.ilmioangoloalchemico.com)
MARTINA SOLINAS, nail artist
(www.martinasolinas.it; YouTube: Martina Solinas;
facebook: Io amo le unghie curate)
RAFFAELLO TONON, esperto di stile e di moda maschile
ALICE VENTURI, make up artist
(www.alicelikeaudrey.it; YouTube: AlicelikeAudrey)

Grazie anche a Elena Mola per i look di copertina; a Cecilia Tanturri e Tania Nucera, autrici del programma, che hanno sacrificato le loro domeniche per questo libro; e al mio avvocato Cesare Patriarca al quale è venuta l'idea del libro con Luca Ussia. Infine grazie a Raffaela Sallustio e a Elena Zannoni: due donne che mi hanno trasmesso l'energia e l'entusiasmo per portare al successo la trasmissione!